©	Verlag Zabert Sandmann GmbH, München 2. Auflage 1996
Konzeption/Texte und Rezeptbearbeitung	Monika Kellermann
Versuchsküche	Stephan Franz
Redaktion	Gertrud Köhn Edelgard Prinz-Korte Sigrid Scholten
Umschlaggestaltung	Georg Feigl Zero, München
Umschlagfoto	Alexander Kupka
Grafische Gestaltung	Georg Feigl
Herstellung	Peter Karg-Cordes
Lithographie	inteca Media Service GmbH, Rosenheim
Druck	Mohndruck, Gütersloh
	ISBN 3-924678-97-9

Genießen erlaubt

Eckart Witzigmann

Feines Advents- und Weihnachtsbacken

ZABERT SANDMANN

Vorwort

Kaum eine andere Tradition wird auch heute noch so intensiv gepflegt und weitervermittelt, wie das gemeinsame Backen mit Kindern zur Adventszeit. Auch ich nehme mir gerne, alle Jahre wieder, die Zeit, um mit meinen beiden Töchtern Weihnachtsplätzchen zu backen, obwohl ich zum Backen eher ein gestörtes Verhältnis habe. Deshalb war es für mich eine reizvolle Herausforderung, dem Koch des Jahrhunderts beim Weihnachtsbacken zu assistieren. Eckart Witzigmann hat mir die Angst, die ich vor dem Backen immer hatte, genommen, und mir viele Tips und Kniffe verraten. Beim Schmökern in diesem Buch werden Sie sicherlich auch den einen oder anderen wertvollen Hinweis entdecken, der die Zubereitung der süßen Leckereien erleichtert.
Ich wünsche Ihnen von Herzen viel Freude beim Plätzchenbacken und eine schöne Adventszeit!

Ihre Jutta Speidel

Der verführerische Duft von frisch gebackenen Weihnachtsplätzchen weckt in jedem von uns Kindheitserinnerungen. Schon als kleiner Bub konnte ich den knusprigen Plätzchen, dem würzigen Stollen und dem saftigen Früchtebrot meiner Mutter nicht widerstehen. Zu gerne habe ich vom Teig genascht, und die Zeit bis Weihnachten, bis es endlich das von Mutter versteckte Selbstgebackene gab, erschien mir jedes Jahr unendlich lange.
Auch heute noch begeistert mich ein verlockender Plätzchenteller, und ohne selbstgebackene Zimtsterne und Kokosbusserl gibt es für mich kein Weihnachten. Ich habe eine kleine Auswahl an Kuchen, Mehlspeisen und Gebäck zusammengestellt, die besonders gut in der Adventszeit schmecken, obwohl man sie natürlich auch zu jeder anderen Zeit im Jahr genießen kann. Die Schritt-für-Schritt-Anleitung für sieben verschiedene Teigarten erleichtert vor allem Backanfängern das Nachbacken.
Danke sagen möchte ich meiner charmanten Backassistentin, Jutta Speidel, und vor allem Stephan Franz, meinem ehemaligen Patissier, der mir während der Fernsehsendung zur Hand ging und viele Plätzchenrezepte nachgebacken hat, damit Sie keine Enttäuschung erleben.
Gutes Gelingen für all die süßen Wunderwerke und eine besinnliche Adventszeit wünscht Ihnen von ganzem Herzen

Ihr Eckart Witzigmann

Inhalt

Rührteig
S. 10

Hefeteig
S. 26

Mürbeteig
S. 40

Lebkuchenteig
S. 58

Makronen- und Baisermasse
S. 68

Brandteig
S. 76

Biskuit
S. 82

Register
S. 92

Rührteig

Für 1 Guglhupfform von 1 1/2 l Inhalt

250 g Butter
250 g Zucker
1 TL flüssige Vanille oder ausgekratztes
Mark von 1 Vanilleschote
7 Eigelb (140 g)
7 Eiweiß (210 g)
30 g Speisestärke (z. B. Mondamin)
200 g Mehl
Butter für die Form
geriebene Mandeln für die Form
Zusätzlich für den Marmorguglhupf:
100 g Zartbitterkuvertüre

1. Alle Zutaten sollten die gleiche Temperatur haben, dann verbinden sie sich leichter miteinander. Den Backofen auf 180° C vorheizen.
2. Die weiche Butter, ein Drittel der Zuckermenge und die Vanille mit dem Handrührgerät sahnig rühren. Nach und nach das Eigelb einzeln dazugeben und zu einer schaumigen Masse aufschlagen.
3. Das Eiweiß mit dem restlichen Zucker und der Speisestärke zu cremigem Schnee aufschlagen.
4. Ein Drittel des Eischnees unter die Schaummasse rühren, den Rest locker unterheben.
5. Zum Schluß das gesiebte Mehl vorsichtig unterrühren.
6. Eine Guglhupfform mit Butter ausfetten und mit Mandeln ausstreuen. Den Teig einfüllen und auf der mittleren Schiene des vorgeheizten Backofens in etwa 50 Minuten goldbraun backen.
7. Rührt man unter die Hälfte des Grundrezeptes 100 g zerlassene Kuvertüre und zieht diese mit einer Gabel spiralförmig unter den hellen Teig, erhält man einen köstlichen Marmorkuchen.

Butter und Eier rechtzeitig aus dem Kühlschrank nehmen, damit alles die gleiche Temperatur hat. So verbinden sich die einzelnen Zutaten besser miteinander.

Die weiche Butter mit einem Handrührgerät sahnig rühren. Dann ein Drittel der Zuckermenge dazugeben und schaumig schlagen, bis sich der Zucker gelöst hat.

Die Eier trennen. Nach und nach die Eigelbe unter die schaumige Buttercreme rühren und zu einer schaumigen Masse aufschlagen.

Das gesiebte Mehl mit dem Handrührgerät bei langsamer Stufe kurz unter die Schaummasse rühren. Auf keinen Fall zu lange ruhren, da die Masse sonst klebrig wird.

Das Eiweiß mit dem restlichen Zucker und der Speisestärke in eine Schüssel geben und mit dem Handrührgerät zu einem kompakten, cremigen Schnee aufschlagen.

Ein Drittel des Eischnees mit einem Kochlöffel unter die Masse rühren, den Rest darüber häufen und locker, aber gleichmäßig unterziehen.

Baumkuchen

Baumkuchen ist zweifelsohne das großartigste und eigenwilligste Erzeugnis deutscher Backkunst. In Pommern war der Baumkuchen der klassische Hochzeitskuchen. Für die Baumkuchenherstellung haben die Konditoren einen speziellen Apparat, in dem sich Walzen über oder vor Wärmequellen drehen. Der Teig wird, wie im Haushalt auch, immer wieder dünn darüber gestrichen.

Für den Teig:

200 g Butter
abgeriebene Schale von 1 unbehandelten Zitrone
abgeriebene Schale von 1/2 unbehandelten Orange
Mark von 1 Vanilleschote
75 g Marzipanrohmasse
2,5 cl Kirschwasser
1 Prise Lebkuchengewürz
13 Eigelb (260 g)
13 Eiweiß (390 g)
1 Prise Salz
200 g Zucker
100 g Speisestärke (z. B. Mondamin)
100 g Mehl

Für die Füllung:

100 g Marzipanrohmasse
150 ml Läuterzucker
1 Prise Lebkuchengewürz
150 g Halbbitterkuvertüre
200 g Kuchenglasur dunkel

ECKART WITZIGMANN

Baumkuchen hält sich gut verpackt sehr lange und büßt nichts von seinem feinen Geschmack ein, ganz im Gegenteil, er wird immer besser.

1. Die weiche Butter in eine Schüssel geben und mit den Zitrusschalen und dem Vanillemark schaumig rühren.
2. Das Marzipan in eine zweite Schüssel geben und mit Kirschwasser und 3–4 Eigelb glattrühren. Sollte die Creme kleine Bröckchen aufweisen, streicht man die Masse durch ein Haarsieb und rührt sie dann nach und nach unter die Buttermasse. Das restliche Eigelb einzeln dazugeben.
3. Den Grill des Backofens einschalten. Eiweiß, Salz, Zucker und Mondamin in eine Schüssel geben und mit den Schneebesen eines Handrührgerätes aufschlagen. So lange schlagen, bis ein cremiger Schnee entsteht.
4. Das Mehl rasch unter die Schaummasse rühren, und ein Drittel vom Eischnee mit einem Kochlöffel untermischen. Den restlichen Eischnee vorsichtig unterheben.
5. Die Marzipanrohmasse mit dem Läuterzucker und dem Lebkuchengewürz im Mixer pürieren, bis die Masse cremig und streichfähig ist.
6. Zwei runde konische Formen (unten 22 cm und oben 26 cm Durchmesser) oder zwei Springformen (24 cm Durchmesser) oder ein Backblech mit Backpapier auskleiden.
7. Einige Eßlöffel Teig entweder auf dem ausgelegten Backblech oder auf dem Boden der zwei Formen mit einer Palette dünn aufstreichen. Auf der untersten Schiene des heißen Grills goldbraun backen.
8. Darauf die nächste Schicht dünn aufstreichen und wieder backen, diesmal auf der obersten Schiene.
Nun wird mit einem Pinsel ganz dünn das streichfähige Marzipan aufgetragen. Danach wieder eine Schicht Baumkuchenmasse auftragen und backen.
9. So fortfahren, bis der Teig und die Marzipancreme verbraucht sind. Jede zweite Schicht ist Marzipan. Die letzte Schicht wird wieder auf der unteren Schiene gebacken.
10. Den fertig gebackenen Baumkuchen in der Form auskühlen lassen. Auf diese Weise dampft er am wenigsten aus und bleibt besonders saftig.
11. Kuvertüre und Kuchenglasur in eine Metallschüssel geben und über einem leicht siedenden Wasserbad auflösen. Abkühlen lassen und erneut auf Körpertemperatur erwärmen.
12. Die abgekühlte Baumkuchentorte aus der Form stürzen und rasch mit der flüssigen Kuvertüre-Kuchenglasur überziehen. Eventuell mit selbstgeformten Marzipanblumen verzieren.
13. Will man Baumkuchenrauten daraus machen, streicht man die einzelnen Schichten auf die vorher beschriebene Weise auf ein tiefes Backblech. Genauso backen und nach dem Abkühlen auf ein großes Brett stürzen. Über Nacht mit Orangenlikör-Läuterzucker tränken.
14. Am nächsten Tag in Rauten schneiden und diese in die flüssige Kuvertüre-Fettglasur-Mischung tauchen. Auf einem Kuchengitter abtropfen lassen.

ECKART WITZIGMANN

Beim Backen der einzelnen Schichten muß man beachten: Ist die Hitze zu stark, bräunt der Teig zu schnell, ohne zu garen. Der Kuchen wird zäh! Backen die Schichten zu langsam, wird der Kuchen zu trocken.

Rehrücken

Für den Teig:
100 g Zartbitterkuvertüre
130 g weiche Butter
60 g Vanillezucker
6 Eigelb (120 g)
150 g geschälte, gemahlene Mandeln
25 g Mehl
5 g Instant-Kaffeepulver
6 Eiweiß (180 g)
100 g Zucker, 1 Prise Salz
Butter und Brösel für die Form
Für die Glasur:
200 g Aprikosenkonfitüre
100 g Mandelsplitter
180 g Butter
180 g Zartbitterkuvertüre

1. Die Kuvertüre im Wasserbad schmelzen und auf Zimmertemperatur abkühlen lassen.
2. Die Butter mit dem Vanillezucker schaumig schlagen, dann nach und nach das Eigelb unterrühren. Anschließend mit einem Schneebesen die Kuvertüre unterschlagen.
3. Die Mandeln mit dem Mehl und dem Instant-Kaffeepulver vermischen und unter die Schaummasse heben. 2 Rehrückenformen von jeweils 28 cm Länge ausfetten und mit Bröseln ausstreuen. Den Backofen auf 170° C vorheizen.
4. Das Eiweiß mit Zucker und Salz zu einem festen, cremigen Schaum schlagen. Erst ein Drittel des Eischnees mit einem Kochlöffel unter den Teig rühren, dann den Rest unterheben.
5. Die Teigmasse in die Formen füllen und auf der mittleren Schiene des vorgeheizten Backofens etwa 1 Stunde backen.
6. Herausnehmen, auf ein Kuchengitter stürzen und in den Formen erkalten lassen.
7. Die Aprikosenkonfitüre in einem kleinen Topf zum Kochen bringen. Die ausgekühlten Kuchen zweimal der Länge nach aufschneiden und mit der Konfitüre bestreichen. Die Kuchen wieder zusammensetzen und auch von außen dünn mit Konfitüre bestreichen.
8. Die Mandelsplitter so in die Kuchen stecken, daß sie ihr charakteristisches Aussehen bekommen (siehe Bild).
9. Butter und Kuvertüre getrennt schmelzen und auf Körpertemperatur (36° C) abkühlen lassen. Miteinander vermischen und die Kuchen mit dieser Glasur überziehen.

ECKART WITZIGMANN

Man kann die geriebenen Mandeln auch durch 150 g feingemahlene Kuchenbrösel ersetzen und zusätzlich jeweils 25 g Mandeln und 25 g Krokant, feingemahlen, dazugeben.

Mohnkuchen

Für den Teig:

150 g weiche Butter
20 g Honig
50 g Puderzucker
1 Prise gemahlener Zimt
1 Prise gemahlene Gewürznelken
Mark von 1 Vanilleschote
abgeriebene Schale von 1/2 unbehandelten Orange
6 Eigelb (120 g)
85 g geschälte, gemahlene Mandeln
85 g frisch gemahlener Mohn
6 Eiweiß (180 g)
1 Prise Salz, 80 g Zucker

Außerdem:

Keimöl für die Form
Mehl zum Ausstäuben
Puderzucker zum Bestäuben

1. Butter mit Honig, Puderzucker, Gewürzen und der Orangenschale weißschaumig schlagen. Nach und nach das Eigelb unter die Buttermasse mischen und zu einer schaumigen Masse aufschlagen. Mandeln und Mohn miteinander vermengen und unter die Schaummasse rühren.
2. Den Backofen auf 170° C vorheizen. Eiweiß mit Salz und einem Drittel des Zuckers steif schlagen, dabei nach und nach den restlichen Zucker unterschlagen. Es muß eine cremige Masse entstehen, sie darf auf keinen Fall zu luftig sein. Eine Springform von 24 cm Durchmesser mit Keimöl ausfetten und leicht mit Mehl bestäuben.
3. Ein Drittel des Eischnees mit einem Kochlöffel unter die Schaummasse rühren, den Rest locker und gleichmäßig unterheben. Die Mohnmasse in die Form füllen und die Oberfläche glattstreichen.
4. Auf der zweituntersten Schiene des vorgeheizten Backofens 45 Minuten backen.
5. Die Form aus dem Ofen nehmen und den Kuchen auf ein leicht bemehltes Küchentuch stürzen. Dadurch wird die Oberfläche besonders glatt.
6. Den abgekühlten Kuchen mit der glatten Seite nach oben auf einer Kuchenplatte anrichten. Mit einer beliebigen Schablone belegen und mit Puderzucker bestäuben.

ECKART WITZIGMANN

Füllen Sie den Kuchen zur Abwechslung mal mit eingemachten Kirschen. Dazu ein wenig Kirschsaft mit etwas Speisestärke, zum Beispiel Mondamin, andicken und die Kirschen untermischen. Eine Teigschicht in die Form geben, mit den Kirschen belegen und mit der zweiten Schicht bedecken.

Schokoladenkuchen

Backpflaumen sind ziemlich süß und enthalten sehr viele Kohlenhydrate. Der Unterschied zwischen Backpflaumen und Kurpflaumen: Die Kurpflaumen werden nicht gepflückt und anschließend getrocknet, sondern bleiben am Baum hängen, bis sie reif sind und abfallen. Durch diese lange Reifung haben sie einen noch höheren Zuckergehalt als Backpflaumen. Sie sind nur kurze Zeit haltbar, aber äußerst aromatisch im Geschmack.

Für den Teig:

400 g entsteinte Backpflaumen
200 ml Rotwein
50 ml Cognac
200 g Butter
200 g sehr feiner Farinzucker
4 Eier (200 g)
200 g Mehl
50 g Kakaopulver
5 g Backpulver

Außerdem:

Keimöl für die Form
Mehl zum Ausstäuben
150 g Zartbitterkuvertüre oder
200 g dunkle Kuchenglasur

1. Am Tag zuvor die Backpflaumen kleinschneiden und mit Rotwein und Cognac begießen. Zugedeckt bei Zimmertemperatur bis zum nächsten Tag stehen lassen. Alle Zutaten für den nächsten Tag in der Küche bereitstellen, sie sollen alle Zimmertemperatur haben.
2. Am nächsten Tag den Backofen auf 180° C vorheizen.
3. Die Butter in eine Schlagschüssel mit rundem Boden geben, den Farinzucker dazugeben und schaumig rühren. Der Farinzucker muß sehr fein sein. Eventuell noch zusätzlich im Mixer fein pürieren.
4. Die Eier einzeln in eine Tasse schlagen, um zu prüfen, ob das Ei auch in Ordnung ist. Dann nach und nach unter die Schaummasse schlagen.
5. Mehl, Kakao und Backpulver vermischen. Die Mehlmischung über die Buttermasse streuen und langsam unterrühren. Zum Schluß die eingeweichten Backpflaumen unterheben. Das Dörrobst sollte alles an Flüssigkeit aufgenommen haben. Wenn nicht, die Einweichflüssigkeit abgießen.
6. Eine Kastenform von 28 cm Länge mit Öl auspinseln, mit Mehl ausstäuben und die Masse hineinfüllen. Die Oberfläche entweder mit dem Löffelrücken oder mit einer Teigkarte glattstreichen.
7. 40–50 Minuten im Ofen backen, dabei nach 10 Minuten die Temperatur auf 170° C zurückstellen.
8. Den gebackenen Kuchen 10 Minuten in der Form ruhen lassen, dann auf ein Gitter stürzen und völlig auskühlen lassen. Mit aufgelöster, temperierter Kuvertüre oder mit dunkler Kuchenglasur überziehen.

ECKART WITZIGMANN

Durch die eingeweichten Trockenfrüchte, die übrigens auch in Portwein oder Armagnac eingelegt werden können, bleibt der Kuchen herrlich saftig. Vor dem Anschneiden am besten einen Tag durchziehen lassen.

Sachertorte

Für den Teig:

150 g Zartbitterkuvertüre, 150 g Butter
50 g Puderzucker
Mark von 1 Vanilleschote
7 Eigelb (140 g), 1 Ei (50 g)
7 Eiweiß (210 g)
1 Prise Salz, 150 g Zucker
130 g Mehl
20 g Speisestärke (z. B. Mondamin)

Zum Tränken:

70 g Zucker, 30 g Vanillezucker
abgeriebene Schale von je
1 unbehandelten Orange und Zitrone
1/4 Zimtstange, 75 ml Orangensaft
25 g Glukose, 7 cl Rum

Außerdem:

4–5 EL Aprikosenkonfitüre
250 g Zartbitterkuvertüre

1. Eine Springform von 28 cm Durchmesser mit Backpapier auslegen. Backofen auf 140° C vorheizen.
2. Kuvertüre schmelzen und abkühlen lassen. Butter, Puderzucker und Vanillemark schaumig schlagen. Kuvertüre und nach und nach das Eigelb und das Ei unterschlagen. Eiweiß mit Salz und Zucker zu cremigem Schnee aufschlagen. Ein Drittel davon unter die Schokoladenmasse rühren, den Rest unterheben. Das Mehl rasch untermischen.
3. In die Form füllen, im heißen Backofen 10 Minuten backen, dann die Temperatur auf 170° C schalten und in 60–70 Minuten fertig backen. Auf ein Tuch gestürzt erkalten lassen.
4. 120 ml Wasser mit Zucker, Vanillezucker, Orangen- und Zitronenschale und Zimtstange zum Kochen bringen. Kurz aufkochen lassen, die übrigen Zutaten dazugeben und abkühlen lassen. Den Boden quer halbieren, mit der Flüssigkeit tränken und mit erhitzter Aprikosenkonfitüre bestreichen. Zusammensetzen und nochmals mit der Konfitüre aprikotieren. Die Torte mit flüssiger Kuvertüre überziehen.

Gewürzkuchen

Für den Teig:

150 g Butter, 50 g Zucker
6 Eigelb (120 g), 75 g Kuvertüre
Mark von 1 Vanilleschote
abgeriebene Schale von
2 unbehandelten Orangen und
1 unbehandelte Zitrone
je 1 Prise gemahlener Zimt, Ingwer,
Kardamon, Gewürznelke
6 Eiweiß (180 g),
1 EL Speisestärke (z. B. Mondamin)
100 g Zucker
125 g Mehl, 100 g Kuchenbrösel
75 g gemahlene Nüsse
100 g gehackte Mandeln
1 Msp Backpulver
1 EL Kakaopulver

Außerdem:

3–4 EL Aprikosenkonfitüre
3–4 EL Mandelblättchen

1. Butter und Zucker schaumig rühren, dabei einzeln nach und nach das Eigelb dazugeben. Die Kuvertüre im Wasserbad zerlassen, auf Körpertemperatur abkühlen lassen und unterrühren. Die Zitrusschalen und die Gewürze hinzufügen und alles schaumig aufschlagen. Den Backofen auf 175° C vorheizen.
2. Eiweiß, Speisestärke und Zucker zu cremigem Schnee schlagen. Zuerst ein Drittel unter die Schaummasse rühren, dann den restlichen Schnee vorsichtig unterheben.
3. Das Mehl mit Kuchenbröseln, Nüssen, Mandeln und Backpulver vermischen und rasch unter die Masse rühren. In eine gefettete und mit Mehl bestäubte Kastenform von 28 cm Länge füllen und im heißen Backofen knapp 1 Stunde backen.
4. Herausnehmen und kurz in der Form ruhen lassen. Dann auf ein Gitter stürzen und abkühlen lassen.
5. Den erkalteten Gewürzkuchen mit erhitzter Aprikosenkonfitüre bestreichen und mit Mandelblättchen bestreuen. Mit Schlagsahne servieren.

ECKART WITZIGMANN

Denken Sie daran, daß Sie wirklich nur frische Gewürze für den Kuchen verwenden. Bereits gemahlene Gewürze verlieren rasch ihr typisches Aroma. Achten Sie deshalb beim Gewürzeinkauf auf das Verfallsdatum. Es ist sonst schade um die Arbeit.

Linzertorte

Für den Teig:

200 g Butter
150 g Puderzucker
50 g Vanillezucker
1 TL gemahlener Zimt
1 Prise gemahlene Nelken
1 Prise Salz
Saft und Schale von
1/2 unbehandelten Zitrone
2 cl Kirschwasser
3 Eier (150 g), 1 Eigelb (20 g)
1 TL Hirschhornsalz, 1 TL Milch
150 g geriebene Mandeln
150 g Mehl
10 g Speisestärke (z. B. Mondamin)
1 Päckchen kleine Oblaten
250 g eingemachte Preiselbeeren
3–4 EL Aprikosenkonfitüre
50 g Mandelblättchen

1. Den Backofen auf 180° C vorheizen. Den Boden einer Springform von 28 cm Durchmesser mit Backpapier auslegen.
2. Butter, Puderzucker, Vanillezucker, Gewürze und Salz, Zitronenschale und Kirschwasser schaumig schlagen. Nach und nach die Eier und das Eigelb hinzufügen. Das Hirschhornsalz in Milch auflösen und zum Schluß unterrühren. Mandeln, 100 g Mehl und Speisestärke miteinander vermischen und mit einem Schneebesen kräftig unter die Schaummasse rühren.
3. Zwei Drittel des Teiges in die Springform füllen und glattstreichen. Den Teig dicht mit Oblaten belegen und die Preiselbeeren gleichmäßig darauf streichen.
4. Unter den übrigen Teig das restliche Mehl mischen. Die Masse in einen Spritzbeutel mit 5er Lochtülle füllen und ein Gitter auf die Torte spritzen.
5. Die Form auf die unterste Schiene des heißen Backofens stellen und die Hitze auf 170° C reduzieren. Die Torte in 35–45 Minuten goldbraun backen.
6. Aprikosenkonfitüre durch ein Sieb streichen und in einem kleinen Topf erhitzen. Die Torte aus dem Backofen nehmen und sofort mit zwei Dritteln der heißen Konfitüre bestreichen. Die Mandelblättchen in einer Pfanne ohne Fettzugabe goldgelb rösten und etwas davon auf die glasierte Torte streuen. Den Kuchen in der Form erkalten lassen.
7. Den Springformrand lösen. Die Konfitüre noch einmal erhitzen, den Rand damit bestreichen und mit den restlichen Mandelblättchen bestreuen.

ECKART WITZIGMANN

Die Linzertorte zählt neben der Sachertorte zu den berühmtesten österreichischen Kuchen. Im Original wird sie eigentlich aus einem ziemlich kompakten Mürbeteig gebacken. Ich persönlich ziehe diese locker-mürbe Version aus Rührteig vor.

Englischer Teekuchen

Englischer Teekuchen ist ein wunderbarer Kuchen für den Vorrat. Mit Alufolie umhüllt und kühl aufbewahrt, bleibt er leicht zwei Wochen frisch und saftig. Kenner mögen ihn ohnehin lieber, wenn er schon ein paar Tage durchgezogen hat und die vielen Früchte ihr herrliches Aroma auf den Teig übertragen haben. Vor dem Anschneiden unbedingt einen Tag ruhen lassen.

Für die Früchte:

80 g Sultaninen
80 g Korinthen
60 g Zitronatwürfel
60 g Orangeatwürfel
120 g halbierte Belegkirschen
40 g geschälte, gehackte Mandeln
Rum
100 g Zartbitterkuvertüre
30 g Mehl

Für die Masse:

20 g Marzipan
200 g Butter
180 g Zucker, 1 Prise Salz
Mark von 1 Vanilleschote
4 Eier (200 g)
abgeriebene Schale von
1 unbehandelten Zitrone
200 g Mehl
20 g Speisestärke (z. B. Mondamin)
5 g Backpulver

Für die Mandelbiskuit-Roulade:

70 g Mehl
60 g geschälte, geriebene Mandeln
4 Eier (200 g)
110 g Zucker
10 g Vanillezucker, 1 Prise Salz
abgeriebene Schale von
1/4 unbehandelten Zitrone
40 g flüssige Butter
Zucker für das Tuch

Zum Verzieren:

8 EL Aprikosenkonfitüre
Mandelblättchen zum Bestreuen

1. Trockenfrüchte, Mandeln und Rum vermischen und zugedeckt über Nacht an einem warmen Ort marinieren. Die Kuvertüre fein hacken und zugedeckt ins Gefriergerät stellen.
2. Den Backofen auf 200° C vorheizen. Marzipan und Butter verkneten und mit einem Schneebesen nicht zu schaumig aufschlagen, da die Früchte sonst absinken. Die Gewürze und nach und nach die Eier hinzufügen Zum Schluß das mit Speisestärke und Backpulver vermischte Mehl unterrühren.
3. Die eingeweichten Früchte mit Mehl vermischen und mit der Kuvertüre unter die Masse heben. Eine Kastenform von 28 cm Länge mit Backpapier auslegen, die Masse hineinfüllen und in den Backofen schieben. Die Hitze auf 175° C reduzieren und den Kuchen 45–55 Minuten backen.
4. Herausnehmen und den Kuchen umgedreht in der Form abkühlen lassen.
5. Für den Biskuit das gesiebte Mehl mit den Mandeln vermischen. Die Backofentemperatur auf 230° C schalten. Das Backblech mit Backpapier auslegen.
6. Eier und Zucker über dem leicht siedenden Wasserbad auf 45° C aufschlagen. Herausnehmen und kalt schlagen. Vanillezucker, Salz und Zitronenschale zufügen. Die Mandel-Mehl-Mischung und die Butter unterziehen. Die Biskuitmasse auf das Blech streichen und goldbraun backen. Dann herausnehmen und auf ein mit Zucker bestreutes Tuch stürzen und das Papier abziehen.
7. Den Königskuchen aus der Form nehmen. Die Konfitüre durch ein Sieb passieren, erhitzen und den Kuchen damit bestreichen. Mit der Biskuitplatte umhüllen, rundherum mit restlicher Konfitüre bestreichen und mit Mandelblättchen bestreuen.

Weihnachtskuchen

Für den Teig:

220 g Butter
220 g Zucker
4 Eier
220 g Rosinen
150 g Zitronatwürfel oder Quittenkäse
70 g geschälte, gehackte Mandeln
200 g Mehl
20 g Speisestärke (z. B. Mondamin)
1 Msp Backpulver

Außerdem:

Butter und Mehl für die Form
200 g Puderzucker
etwas Zitronensaft
kandierte Früchte zum Garnieren

1. Den Backofen auf 180° C vorheizen. Die weiche Butter mit Zucker mit einem Schneebesen cremig rühren und nach und nach die Eier dazugeben. Zu einer schaumigen Massen aufschlagen.
2. Rosinen, Zitronat oder den kleingeschnittenen Quittenkäse sowie die gehackten Mandeln mit Mehl, Speisestärke und Backpulver vermischt mit einem Kochlöffel rasch unter die Schaummasse rühren.
3. Die Masse in eine gebutterte und mit Mehl ausgestreute Kastenform von 24 cm Länge füllen. Die Oberfläche glattstreichen und auf der mittleren Schiene des heißen Backofens in etwa 50–60 Minuten goldbraun backen.
4. Die Form auf ein Kuchengitter stürzen und den Kuchen in der Form abkühlen lassen.
5. Puderzucker mit Zitronensaft zu einem glatten Guß verrühren und den Kuchen damit überziehen. Beliebig mit kandierten Früchten verzieren und vor dem Anschneiden mindestens einen Tag ruhen lassen. Auch dieser Kuchen hält sich gut verpackt mehrere Wochen.

Mohr im Hemd

Für die Mohren:
Butter und Zucker für die Formen
70 g dunkle Kuvertüre
70 g weiche Butter, 80 g Zucker
6 Eigelb (120 g)
1 cl Rum (80 Vol. %)
6 Eiweiß (180 g)
1 Prise Salz
40 g geröstete, geschälte und geriebene Mandeln
Für die Schokoladensauce:
100 g dunkle Kuvertüre
50 g Vollmilchkuvertüre
1/8 l Milch
100 ml Sahne
Mark von 1/2 Vanilleschote
75 g Butter
1 cl Cognac, Rum oder Grand Marnier
250 g halbsteif geschlagene Sahne

1. Backofen auf 250° C Unterhitze und 80° C Oberhitze vorheizen. Die gehackte Kuvertüre im Wasserbad schmelzen und auf Körpertemperatur abkühlen lassen. Ein tiefes Backblech mit Küchenpapier auslegen und so viel Wasser einfüllen, bis die Formen (8 cm Durchmesser) später zu einem Drittel im Wasserbad stehen. Die Formen ausbuttern, mit Zucker ausstreuen und in den Kühlschrank stellen.
2. Butter schaumig schlagen und das Eigelb einzeln dazugeben, dann die Kuvertüre und den Rum unterrühren.
3. Eiweiß mit Salz und einem Drittel des Zuckers langsam steif schlagen und nach und nach den restlichen Zucker einrieseln lassen. Zum Schluß kurz auf höchster Stufe durchschlagen, damit der cremige Eischnee an Volumen gewinnt.
4. Ein Drittel des Eischnees unter die Schokoladenmasse rühren, dann den Rest locker und gleichmäßig unterheben. Zum Schluß die Mandeln vorsichtig unterziehen.
5. Das Wasserbad auf der Kochplatte zum Kochen bringen. Inzwischen die Formen dreiviertelhoch mit der Soufflémasse füllen und ins Wasserbad setzen. Im heißen Backofen 20 Minuten garen. Aus dem Backofen nehmen und kurz stehen lassen.
6. Für die Sauce die Kuvertüren hacken. Milch und Sahne mit der aufgeschlitzten Vanilleschote aufkochen, zur Kuvertüre geben und diese sorgfältig unter Rühren auflösen. Die weiche Butter aufschlagen. Wenn die Kuvertüre-Milch-Mischung und die Butter die gleiche Temperatur haben, läßt man die Mischung unter Rühren in die Butter einlaufen. Diese Schokoladensauce warm servieren. Nach Belieben kann die Sauce noch mit Cognac, Rum oder Grand Marnier aromatisiert werden.
7. Die Schokoladensauce auf Teller verteilen, die Mohren darauf stürzen und jeweils einen Eßlöffel halb aufgeschlagene Sahne darüber geben.

Mohnsoufflé

Für die Soufflémasse:

Butter und Zucker für die Formen
80 g Kastenweißbrot (kein Toastbrot)
1/8 l trockener Rotwein
140 g weiche Butter
20 g Honig
1,5 cl Rum
abgeriebene Schale von
1 unbehandelten Zitrone
7 Eigelb (140 g)
120 g frisch gemahlener Mohn
8 Eiweiß (240 g)
100 g Zucker
1 Prise Salz

1. Den Backofen auf 250° C Unterhitze und 80° C Oberhitze vorheizen. Ein tiefes Backblech mit Küchenpapier auslegen und so viel Wasser einfüllen, daß die Förmchen (8 cm Durchmesser) später zu einem Drittel im Wasserbad stehen. Förmchen mit Butter ausstreichen, mit Zucker ausstreuen und kalt stellen.
2. Das Kastenweißbrot in kleine Würfel schneiden und mit Rotwein begießen. Butter, Honig, Rum und Zitronenschale mit einem Handrührgerät schaumig schlagen. Nach und nach das Eigelb einzeln unterrühren und zum Schluß das eingeweichte, leicht ausgedrückte Weißbrot und den Mohn unterziehen.
3. Eiweiß mit Salz und einem Drittel des Zuckers langsam cremig aufschlagen und den restlichen Zucker nach und nach einrieseln lassen. Zum Schluß den Eischnee bei höchster Stufe kurz aufschlagen, damit er an Volumen gewinnt.
4. Zuerst ein Viertel des Schnees unter die Mohnmasse rühren, dann den Rest locker und gleichmäßig unterheben.
5. Das Wasserbad auf der Kochplatte zum Kochen bringen. Die Auflaufmasse in die Förmchen füllen und ins Wasserbad stellen.
6. Etwa 20 Minuten im heißen Backofen garen. Herausnehmen und kurz setzen lassen. Auf Teller stürzen und mit eingemachten Kumquats und roten Orangenzesten oder mit filetierten Orangenspalten servieren.

ECKART WITZIGMANN

Die kleinen schwarzen Mohnkörner möglichst erst kurz vor dem Verwenden mahlen, da sie wegen des hohen Fettgehaltes rasch ranzig werden. Früher konnte man Mohn bei jedem Krämer mahlen lassen, heute muß man selber eine Mohnmühle besitzen.

Sahnewaffeln

Für die Waffeln:

100 g Mehl
150 ml Sahne
2 Eigelb (40 g)
je 1 Prise gemahlene Nelken, Anis und Zimt
Mark von 1/2 Vanilleschote
abgeriebene Schale von 1/2 unbehandelten Zitrone
30 g flüssige, lauwarme Butter
3 Eiweiß (90 g)
1 Prise Salz
30 g Zucker
geklärte Butter oder Butterschmalz für das Waffeleisen

Zum Garnieren:

250 ml Sahne
30 g Vanillezucker
40 g Puderzucker zum Bestäuben

Für das Kirschragout:

300 g Sauerkirschen
1/4 l Rotwein
200 ml Portwein
150 ml Cassislikör
1/2 Vanilleschote
1/4 Zimtstange
10 g Speisestärke (z. B. Mondamin)
Saft von je 1 Orange und Zitrone
10 g Honig
2 cl Kirschwasser
1 cl Amaretto

1. Für die Waffeln das Mehl in eine Schüssel sieben. Die Sahne und das Eigelb unterrühren, Gewürze, Vanillemark, Zitronenschale und die Butter dazugeben und zu einer glatten Masse verrühren.

2. Eiweiß mit Salz und 10 g Zucker langsam zu steifem Schnee schlagen und nach und nach den restlichen-Zucker einrieseln lassen. Zum Schluß auf höchster Stufe durchschlagen, damit der Schnee noch an Volumen zunimmt. Zuerst ein Drittel des Eischnees unter die Sahnemasse rühren, dann den Rest locker und gleichmäßig unterziehen.

3. Das Waffeleisen vorheizen und mit geklärter Butter leicht einfetten. Einige Eßlöffel Teig in die Mitte geben, verstreichen und das Eisen schließen. Die Waffel bei mittlerer Hitze ausbacken. Herausnehmen und auf einem Kuchengitter im etwa 120° C heißen Ofen nebeneinanderliegend warm halten. Auf diese Art alle Waffeln backen.

4. Zum Anrichten Sahne mit Vanillezucker aufschlagen. Waffeln in Dreiecke schneiden und mit Puderzucker leicht bestäuben. Mit dem Spritzbeutel Sahnerosetten auf den oberen Tellerrand dressieren. Die Waffeln daran lehnen. Mit Kirschragout servieren.

5. Für das Kirschragout die Kirschen waschen, abtropfen lassen und entsteinen. Steine mit dem aufgefangenen Kirschsaft, dem Rotwein und dem Portwein aufkochen lassen und durch ein Sieb gießen. Cassislikör, die aufgeschlitzte Vanilleschote und die Zimtstange dazugeben und auf 500 ml einkochen. Speisestärke mit Orangen- und Zitronensaft verrühren und den reduzierten Kirschfond damit binden.

6. Sauerkirschen, Honig, Kirschwasser und Amaretto sowie die Früchte in die heiße Sauce geben.

ECKART WITZIGMANN

Nimmt man für das Kirschragout Süßkirschen, muß die Sauce auf Eis kalt gerührt werden. Honig, Kirschwasser und Amaretto sowie die Kirschen werden dann unter die kalte Sauce gemischt.

Nußwaffeln

Für den Teig:

125 g weiche Butter
50 g Marzipan
30 g Zucker, 1 Prise Salz
Mark von 1/2 Vanilleschote
4 Eier
2 cl Amaretto
100 g Mehl
50 g Speisestärke (z. B. Mondamin)
100 g geriebene, geröstete Haselnüsse

Außerdem:

geklärte Butter oder Butterschmalz für das Waffeleisen
Puderzucker zum Bestäuben
200 g geschlagene Sahne

1. Butter und Marzipan mit einem Handrührgerät zu einer glatten Masse verrühren. Zucker, Salz und Vanillemark dazugeben und nach und nach die Eier und den Amaretto unterrühren. Mehl, Speisestärke und Haselnüsse vermischen und rasch unter die Schaummasse rühren.

2. Das Waffeleisen vorheizen und mit geklärter Butter oder Butterschmalz einfetten. Einige Eßlöffel Teig hineingeben, verstreichen und das Eisen schließen. Die Waffeln bei mittlerer Hitze in wenigen Minuten goldbraun backen. Auf diese Art alle Waffeln herstellen und auf einem Kuchengitter im warmen Backofen nebeneinanderliegend warm halten.

3. Die Waffeln in Dreiecke schneiden, mit Puderzucker bestäuben und mit steif geschlagener Sahne anrichten.

ECKART WITZIGMANN

Waffeln kann man gut einfrieren. Damit man sie dann einzeln wieder herausnehmen kann, hüllt man am besten jede Waffel in Sichtfolie, bevor man sie in den Gefrierbeutel steckt. Im 220° C heißen Backofen aufgebacken, schmecken die Waffeln fast wie frisch.

Zimtwaffeln

Für den Teig:

200 g Mehl
50 g Speisestärke (z. B. Mondamin)
1 gute Prise Backpulver
1/4 l Milch, 1/4 l Sahne
4 Eigelb (80 g)
1/2 TL gemahlener Zimt
2 cl Rum
3 Eiweiß (90 g), 1 Prise Salz
30 g Zucker
125 g zerlassene Butter
geklärte Butter oder Butterschmalz für das Waffeleisen

Für die Cassisfeigen:

4 reife Feigen, 10 g Butter
30 g Puderzucker
250 g schwarze Johannisbeeren
150 ml Portwein
Saft von je 1/2 Orange und Zitrone
je 1/2 Zimtstange und Vanilleschote
100 g Zucker, 4 cl Cassislikör
Puderzucker zum Bestäuben
200 g geschlagene Sahne

1. Gesiebtes Mehl, Speisestärke und Backpulver mit Milch, Sahne, Eigelb, Zimt und Rum verrühren. Eiweiß und Salz steif schlagen, dabei den Zucker einrieseln lassen und zu cremigem Schnee schlagen. Ein Drittel davon unter den Teig rühren, den Rest locker unterziehen. Die Butter zuerst mit 3–4 Eßlöffel von der Masse verrühren, dann unterziehen.

2. Das Waffeleisen vorheizen und mit geklärter Butter oder Butterschmalz einfetten. Einige Eßlöffel Teig hineingeben, verstreichen und das Eisen schließen. Die Waffeln bei mittlerer Hitze in wenigen Minuten goldbraun backen. Auf diese Art alle Waffeln herstellen und auf einem Kuchengitter im warmen Backofen nebeneinanderliegend warm halten.

3. Die Feigen schälen, in Scheiben schneiden und in zerlassener Butter anbraten. Mit Puderzucker bestäuben und glacieren lassen. Johannisbeeren mit den übrigen Zutaten bis auf den Likör aufkochen und 10 Minuten leicht köcheln lassen. Pürieren, durch ein Sieb passieren und den Cassislikör hinzufügen. Die Feigen für 3–4 Stunden in diese Cassissauce einlegen.

4. Die Waffeln in Dreiecke schneiden, mit Puderzucker bestäuben und mit Cassisfeigen und Sahne servieren.

Hefeteig

Für einen weihnachtlichen Hefezopf:
500 g Mehl
1 Würfel (42 g) Hefe
gut 1/4 l lauwarme Milch
50 g Zucker
1 Prise Salz
Mark von 1 Vanilleschote
abgeriebene Schale von 1/2 Zitrone
2 Eier
80 g Butter
Außerdem:
50 g Zitronat
50 g Orangeat
Eigelb zum Bestreichen

1. Das Mehl in eine große Rührschüssel sieben. Die Hefe in die lauwarme Milch bröckeln und mit 2–3 Eßlöffel Mehl und 1 Prise Zucker zu einem Dämpferl (Vorteig) verrühren. Zugedeckt an einem warmen Ort etwa 20 Minuten gehen lassen.
2. Restlichen Zucker, Salz, Vanillemark und Zitronenschale mit dem Mehl vermischen. In die Mitte eine Mulde drücken und die Eier sowie die Butter in Flöckchen hineingeben. Den aufgegangenen Vorteig dazugeben und mit den Händen oder mit den Knethaken eines Handrührgerätes zu einem glatten Teig verarbeiten. Zum Schluß das feingehackte Zitronat und Orangeat einarbeiten.
3. Zugedeckt an einem warmen Ort etwa 1 Stunde aufgehen lassen. Erneut gut durchkneten, dann in drei Portionen teilen und jeweils 40 cm lange Rollen formen. Diese zu einem Zopf flechten und auf ein gefettetes Backblech legen. Den Backofen auf 180° C vorheizen.
4. Zugedeckt noch einmal 1 Stunde aufgehen lassen. Mit verquirltem Eigelb bestreichen und im heißen Backofen ca. 40 Minuten backen.

Die Milch bei schwacher Hitze erwärmen und die Hefe hineinbröckeln. 2–3 Eßlöffel Mehl unterrühren, mit Zucker bestreuen und zugedeckt etwa 20 Minuten aufgehen lassen.

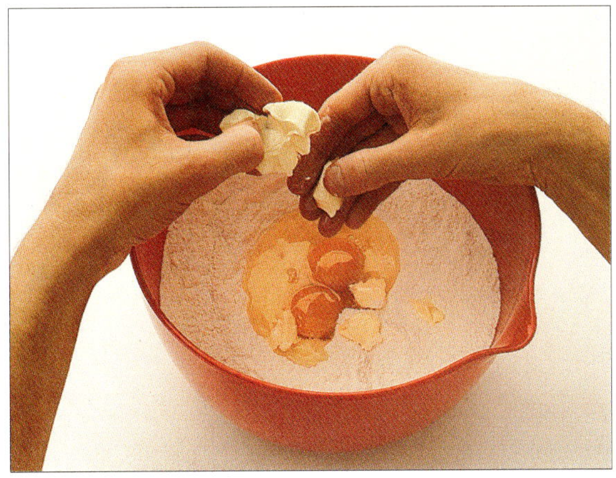

Das gesiebte Mehl mit Zucker, Salz und Aromen vermischen. In die Mitte eine Mulde drücken und die Eier, die Butter in Flöckchen und den aufgegangenen Vorteig dazu gießen.

Zuerst mit einer Gabel das Mehl mit den übrigen Zutaten verquirlen, dann mit den Händen oder mit den Knethaken eines Handrührgerätes zu einem glatten Teig verkneten.

Mit einem sauberen Küchentuch bedecken und an einem warmen Ort etwa 1 Stunde aufgehen lassen. Das Teigvolumen muß sich ungefähr verdoppeln.

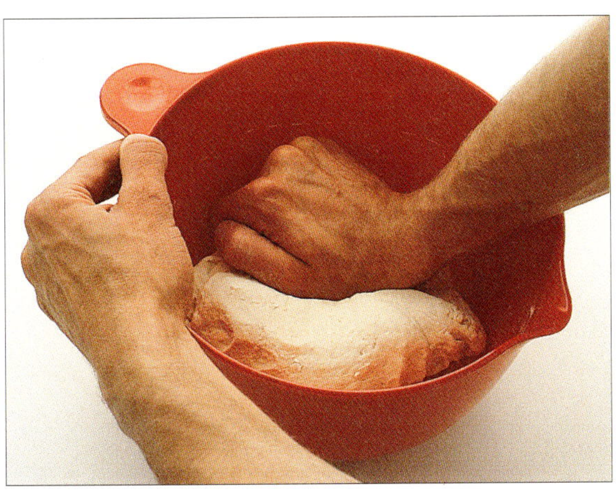

Den aufgegangenen Teig erneut ganz kurz durchkneten. Der Hefeteig ist richtig, wenn er einen leichten Glanz hat und sich geschmeidig anfühlt.

Den Hefeteig auf ein leicht bemehltes Backbrett geben und mit einem Nudelholz zu einem Rechteck ausrollen, oder je nach Rezept beliebig formen.

Christstollen

Es wird erzählt, daß Mönche aus Naumburg an der Saale die ersten Rosinenlaibe aus Hefeteig geformt haben, um damit das in Windeln gewickelte Jesuskind darzustellen. Ob das so stimmt, ist zwar nicht bewiesen, aber es ist ziemlich sicher, daß sich die Stollentradition von Naumburg nach Dresden ausgebreitet hat. Seit Generationen ist der Dresdner Stollen in der ganzen Welt bekannt und der wichtigste Exportartikel der Stadt.

Für die Früchtemischung:

550 g Rosinen

210 g Orangeatwürfel

70 g Zitronatwürfel

150 g grobgehackte Mandeln

7,5 cl Rum

10 Tropfen Bittermandelöl

Mark von 1 Vanilleschote

abgeriebene Schale von je

1 unbehandelten Orange und Zitrone

140 ml Wasser

Für den Vorteig:

75 g Hefe

150 ml Milch

25 g Zucker

300 g Mehl (Type 550)

Für den Teig:

300 g Mehl (Type 550)

80–100 ml Milch

3 Eigelb

9 g Salz

4 g Stollengewürz

200 g Rohmarzipan

200 g Butter

Außerdem:

300 g Butter zum Bestreichen

Puderzucker und Vanillezucker

zum Bestäuben

1. Am Vortag Zutaten für die Früchtemischung in einer Schüssel gründlich vermengen, mit Folie bedecken und an einem warmen Platz über Nacht durchziehen lassen.

2. Für den Vorteig die Hefe in der kalten Milch auflösen. Zucker und Mehl in eine große Schüssel geben, die aufgelöste Hefe hinzufügen und zu einem glatten Teig verkneten. Den Vorteig mit etwas Mehl bestäuben und mit einem Tuch bedecken. So lange an einem warmen Ort gehen lassen, bis er sich verdoppelt hat.

3. Für den Teig die kalte Butter in kleine Stücke schneiden. Mehl, Milch, Eigelb, Salz und Stollengewürz über den Vorteig verteilen und zu einem glatten Teig verkneten. Das Marzipan darüber bröseln und einarbeiten, bis der Teig wieder glatt ist. Ganz zum Schluß nach und nach die kalte Butter in kleinen Stücken unterkneten. Erst wenn die Butter völlig mit dem Teig verbunden ist, die Früchtemischung darüber streuen und am besten mit den Händen unter den Hefeteig kneten. Den Teig zu einer großen Kugel formen, mit Mehl bestäuben und mit einem feuchten Tuch bedecken.
20 Minuten an einem nicht zu warmen Platz aufgehen lassen.

4. Den Teig auf ein bemehltes Backbrett stürzen, mit den Händen zu einem Rechteck auseinanderdrücken. Eine Längsseite einschlagen und die zweite darüber schlagen. Das entstandene Päckchen um die Hälfte zusammenklappen. In die Schüssel geben, mit Mehl bestäuben und zudecken.

5. Erneut etwa 20 Minuten gehen lassen. Den Backofen auf 200° C vorheizen. Zwei Backbleche dünn mit Butter einfetten. Den Stollenteig halbieren und jedes Teil zu einer Kugel formen, wobei die Nahtstelle nun oben sein soll.

6. Jede Teigkugel rechteckig flach drücken, etwa in der Länge der Stollenform. Beide Längsseiten nach innen einschlagen und nochmals übereinanderschlagen. Mit der Nahtstelle nach oben in eine geölte und mit Mehl bestäubte Stollenform legen und in den heißen Backofen schieben. Nach 10 Minuten die Hitze auf 180° C reduzieren.

7. Die Backzeit liegt bei 1 Kilo schweren Stollen bei 40–45 Minuten. Den zweiten Stollen auf die gleiche Weise formen und backen.

8. Pro Stollen 100 g Butter zerlassen. Den gebackenen Stollen noch heiß mit der flüssigen Butter bepinseln. Puderzucker mit Vanillezucker mischen und den Stollen damit bestäuben. In Alufolie verpacken und über Nacht durchziehen lassen.

9. Am nächsten Tag den überschüssigen Zucker mit einem Pinsel abstreichen und den Stollen nochmal ganz dünn mit der restlichen flüssigen Butter bepinseln. Mit Puderzucker bestäuben.

ECKART WITZIGMANN

Zuviel Kneten oder zu langes Aufgehen macht den Stollen trocken, da sich dadurch Fett aus der Teigverbindung löst und absetzt. Das Fett fehlt dann der Teigkrume, und sie wird trocken. Darum mehr drücken als kneten und die Aufgehzeit kontrollieren.

Quarkstollen

Für den Vorteig:
300 g Weizenmehl (Type 550)
60 g Hefe
150 ml Milch
25 g Zucker
Für den Teig:
300 g Mehl (Type 550)
80–100 ml Milch
3 Eigelb
9 g Salz
7 g Stollengewürz
200 g Rohmarzipan
200 g Butter
Für die Quarkfüllung:
400 g Magerquark
2 Eier (100 g)
abgeriebene Schale von
1 unbehandelten Zitrone
Mark von 1 Vanilleschote
100 g Zucker
5 g Speisestärke (z. B. Mondamin)
100 g Rosinen

Außerdem:
Butter für die Formen
300 g flüssige Butter
Puderzucker zum Bestäuben

1. Aus den angegebenen Zutaten einen Hefeteig zubereiten (siehe Christstollen auf Seite 29), jedoch ohne Früchtemischung. Zugedeckt gehen lassen.
2. Den möglichst trockenen Magerquark in eine Schüssel geben und nach und nach Eier, Zitronenschale und Vanillemark sowie Zucker und Speisestärke unterrühren. Zum Schluß die Rosinen gleichmäßig untermischen.
3. Den Stollenteig halbieren und jede Hälfte auf einem bemehlten Backbrett rechteckig ausrollen, besser mit den Händen flach drücken. Den Backofen auf 200° C vorheizen.
4. Die Quarkmasse auf den Stollenteig streichen, von der Längsseite her aufrollen und in eine gefettete Stollenform legen.
5. Die Stollen in den heißen Backofen stellen. Nach 10 Minuten die Hitze auf 180° C reduzieren. 1 Stunde backen.
6. Aus den Formen stürzen. Jeden Stollen mit 100 g flüssiger Butter bestreichen und mit Puderzucker bestäuben. Nach dem Abkühlen in Alufolie verpacken und kühl stellen.
7. Am nächsten Tag den überschüssigen Zucker mit einem Pinsel abstreichen. Die Stollen erneut mit flüssiger Butter bestreichen und mit Puderzucker bestäuben. Diesen Vorgang einige Stunden später wiederholen. Es muß eine dicke, glänzende Zuckerschicht entstehen, die nicht nur gut schmeckt, sondern die Stollen auch vor dem Austrocknen schützt. Die Stollen in Alufolie verpacken und kühl stellen.

Nußstollen

Eine weitere köstliche Stollenvariation ist der Nußstollen. Dazu 200 ml Milch und 120 g Zucker zum Kochen bringen und unter ständigem Rühren 325 g geriebene, leicht geröstete Nüsse und 150 g helle Biskuitbrösel sowie 2,5 cl Rum und 70 g Butter hinzufügen. Unter Rühren köcheln lassen, bis sich die Butter gelöst hat. Abkühlen lassen und die Masse in die ausgerollten Stollen füllen. Einrollen und auf dem Blech oder in Stollenformen backen.

ECKART WITZIGMANN

Wer auf den Cholesterinspiegel achten will, ersetzt die 200 g Butter durch 160 ml Keimöl. Ansonsten den Stollen genauso zubereiten. Es ist außerdem ratsam, auch die Buttermenge beim Bestreichen ein wenig zu reduzieren.

Marzipan- und Mohnstollen

Stollenteig wie auf Seite 29 (ohne Früchtemischung)

Für die Marzipanfüllung:

200 g Rohmarzipan

abgeriebene Schale von

2 unbehandelten Orangen

2 cl Cointreau

Für die Mohnfüllung:

250 g frisch gemahlener Mohn

1/4 l Milch, 140 g Zucker

100 g Biskuit- oder

Schokoladenbiskuitbrösel

120 g Rosinen

etwas gemahlener Zimt

1 Msp gemahlener Kardamom

50 g Butter

Außerdem:

flüssige Butter zum Bestreichen

Puderzucker zum Bestäuben

Zubereitung Marzipanstollen:

1. Für den Stollen mit Marzipanherz 200 g Marzipan in eine kleine Schüssel geben und mit der Orangenschale und Cointreau verrühren. Wer möchte, fügt noch 2 Eßlöffel feingehacktes Orangeat hinzu, es verstärkt das Aroma. Alles gut verkneten und daraus zwei Rollen in Stollenlänge formen.

2. Den Stollenteig zu zwei Rechtecken auseinanderdrücken, dabei sollen an den Kanten der langen Seite jeweils ein kleinerer und ein größerer Wulst entstehen. Die Marzipanrollen jeweils der Länge nach in die Mitte legen, nun die Seite mit dem kleineren Wulst über die Marzipanrolle legen, so daß die beiden Wülste nebeneinander liegen. Die Stollen auf das gefettete Backblech setzen, die Konturen nachdrücken und 10 Minuten gehen lassen. Man kann den Stollenteig aber auch in eine Stollenform füllen und auf die gleiche Weise backen wie auf Seite 29 beschrieben. Mit Butter bestreichen und überzuckern.

Zubereitung Mohnstollen:

1. Für den Mohnstollen den Mohn fein mahlen und in reichlich kochendem Wasser kurz blanchieren. Auf ein Sieb schütten, gut abtropfen lassen und mit kaltem Wasser abbrausen.

2. Milch und Zucker in einem kleinen Topf zum Kochen bringen. Den Mohn dazugeben und unter Rühren 8 Minuten bei mittlerer Hitze köcheln lassen.

3. In eine Schüssel füllen und die Biskuitbrösel, Rosinen und die Gewürze dazugeben. Zum Schluß die Butter in Flöckchen dazugeben und so lange rühren, bis sich die Butter gelöst hat. Über Nacht kalt stellen und am nächsten Tag mit etwas Wasser verrühren bis die Masse streichfähig ist.

4. Den Stollenteig halbieren und jede Hälfte auf einem bemehlten Backbrett zu einem Rechteck ausdrücken und mit der Mohnmasse bestreichen. Entweder, wie im nebenstehenden Rezept beschrieben, zusammenschlagen und auf dem Backblech backen oder aufrollen und in einer gut gefetteten Stollenform backen.

5. Nach dem Backen lediglich mit zwei Dritteln der auf Seite 29 angegebenen flüssigen Butter bestreichen und dick mit Puderzucker bestäuben.

Hefeteigherz

Für den Teig:

250 g Mehl

1/2 Würfel (21 g) Hefe

5–6 EL lauwarme Milch

30 g Zucker

1 Prise Salz

Mark von 1/2 Vanille

abgeriebene Schale von

1/2 unbehandelten Zitrone

2 Eier (100 g)

30 g Butter

Außerdem:

Butter für das Blech

1 Eigelb

Hagelzucker zum Bestreuen

1. Das Mehl in eine große Schüssel sieben. Die Hefe in die lauwarme Milch bröckeln und mit 2–3 Eßlöffeln Mehl und 1 Prise Zucker zu einem Dämpferl (Vorteig) verrühren. Zugedeckt an einem warmen Ort etwa 20 Minuten gehen lassen.

2. Restlichen Zucker, Salz, Vanillemark und Zitronenschale mit dem Mehl vermischen. In die Mitte eine Mulde drücken und die Eier sowie die Butter in Flöckchen hineingeben. Den aufgegangenen Vorteig dazugeben und mit den Händen oder mit den Knethaken eines Handrührgerätes zu einem glatten Teig verarbeiten.

3. Zugedeckt an einem warmen Ort etwa 30 Minuten aufgehen lassen.

4. Den Backofen auf 180° C vorheizen. Den Hefeteig kurz durchkneten und erst zu zwei dünnen Rollen formen, dann zu einer Kordel drehen. Herzförmig auf ein gebuttertes Backblech legen. Noch einmal 15 Minuten gehen lassen, dann mit Eigelb bestreichen und mit Hagelzucker bestreuen. Im heißen Backofen in etwa 20 Minuten goldgelb backen.

5. Das Herz mit Schleifen und Zweigen beliebig verzieren.

Früchtebrot

Für die Früchtemischung:

125 g Kletzen (getrocknete Birnen)
125 g getrocknete Pflaumen
125 g getrocknete Feigen
125 g getrocknete Aprikosen
125 g getrocknete Datteln
70 g getrockneter Apfel
25 g Zitronat, 25 g Orangeat
je 50 g Rosinen und Korinthen
200 ml Weißwein
5 cl Obstler
100 g Walnußkerne (grobgehackt)
50 g Honig

Für den Teig:

100 g Weizenmehl (Type 550)
100 g Roggenmehl
10 g Hefe
100 ml lauwarmes Wasser
8 g Pfefferkuchengewürz

Außerdem:

500 g Brotteig vom Bäcker
Mehl für das Backblech
Milch zum Bestreichen
kandierte Früchte, Walnußhälften und Mandeln zum Verzieren
20 g Gummiarabicum (Apotheke)
100 ml Wasser
1 Prise Zucker

1. Die Kletzen 2–3 Stunden in Wasser einweichen, dann darin weich kochen und das Wasser abgießen. Die abgetropften Früchte in nicht zu kleine Stücke schneiden.
2. Kletzen und die übrigen Trockenfrüchte in kleine Würfel schneiden und mit den Rosinen und Korinthen vermischen. Weißwein und Obstler aufkochen und darüber gießen. Walnüsse und Honig unterrühren und zugedeckt über Nacht marinieren.
3. Für den Teig alle Zutaten verkneten, dann alle vorbereiteten Früchte einarbeiten und 1 1/2 Stunden gehen lassen. Anschließend zu zwei länglichen Laiben formen.
4. Den Backofen auf 180° C vorheizen. Den Brotteig halbieren und zu so großen Rechtecken ausrollen, daß man die Früchtebrotlaibe damit umhüllen kann.
5. Die Früchtebrotlaibe auf die Brotteigplatten legen und damit umhüllen. Mit den Nahtstellen nach unten auf das gefettete Backblech legen. Die Teigoberfläche mit etwas Milch bestreichen und beliebig mit kandierten Früchten, Walnußhälften und Mandeln verzieren.
6. Auf der zweituntersten Schiene des Backofens 45 bis 60 Minuten backen.
7. Das Gummiarabikum mit Wasser und 1 Prise Zucker anrühren und unter Rühren aufkochen lassen. Die heißen Brote sofort damit bestreichen und auf einem Kuchengitter abkühlen lassen. Gut verpacken und kühl stellen.

Kletzenbrot

Für die Füllung:
350 g Kletzen
160 g getrocknete Feigen
180 g Dörrpflaumen
60 g gehackte Mandeln
80 g geschälte Haselnüsse
Mark von 1 Vanilleschote
1 Zimtstange
3 Gewürznelken
abgeriebene Schale von je
1 unbehandelten Zitrone und Orange
4 cl Rum
Für den Teig:
20 g Hefe
150 g Milch, etwas Zucker
1 Msp gemahlener Anis
5 g gemahlener Fenchel
5 g gemahlener Koriander
5 g gemahlener Kümmel
125 g Weizenmehl
125 g Roggenmehl
Außerdem:
20 g Gummi arabikum
100 ml Wasser
1 Prise Zucker

1. Trockenfrüchte am Vortag kurz in kochendem Wasser blanchieren, auf ein Sieb schütten und gut abtropfen lassen. Dann in grobe Stücke schneiden.
2. Die Früchtemischung in eine Schüssel geben und die angegebenen Gewürze dazugeben. Mit so viel kochendem Wasser übergießen, daß sie gerade bedeckt sind. Abkühlen lassen, dann den Rum hinzufügen.
3. Für den Brotteig die Hefe in der lauwarmen Milch auflösen. Die restliche Milch mit Zucker und Gewürzen leicht erwärmen, bis sich der Zucker aufgelöst hat. Die Mischung mit den beiden Mehlsorten gründlich zu einem mittelfesten, glatten Teig verkneten und ca. 30 Minuten gehen lassen.
4. Anschließend noch einmal gut durchkneten und die Früchte einarbeiten. Zugedeckt 15 Minuten ruhen lassen. Den Backofen auf 180° C vorheizen.
5. Mit bemehlten Händen zwei längliche oder runde Laibe aus dem Teig formen, auf ein gefettetes Backblech legen. Auf der unteren Schiene des heißen Backofens in etwa 1 Stunde gar backen.
6. Das Gummiarabikum mit Wasser und 1 Prise Zucker anrühren und unter Rühren aufkochen lassen. Die heißen Brote sofort damit bestreichen und auf einem Kuchengitter abkühlen lassen. Gut verpacken und kühl stellen. Wer möchte, kann die Brote beliebig mit kandierten Früchten und Mandeln verzieren.

Guglhupf

Guglhupf durfte, als ich Kind war, bei keiner sonntäglichen Kaffeetafel fehlen. Während man heute Guglhupf in erster Linie aus Rührteig zubereitet, füllte man früher meistens Hefeteig in die ausgefetteten Guglhupfformen. Ich finde die alte Version ganz besonders köstlich.

Für den Weizenhebel:
50 g Weizenvollkornmehl
Zum Tränken:
60 ml Wasser
60 g Zucker
15 ml Orangensaft
Mark von 1 Vanilleschote
1/2 Zimtstange
5 Tropfen Bittermandelöl
Für den Teig:
400 g Mehl
60 ml lauwarme Milch
30 g Hefe
3 Eier (150 g)
1 Eigelb (20 g)
60 g Zucker
200 g weiche Butter
5 g Salz, 1 cl Rum
je 60 g Rosinen und Korinthen
50 g geschälte , gehackte Mandeln
Außerdem:
150 g flüssige Butter
Puderzucker zum Bestäuben

ECKART WITZIGMANN

Dieser Hefeguglhupf ist ein wenig zeitaufwendig. Deshalb ist es sinnvoll, gleich eine größere Menge zuzubereiten, damit man zwei Formen damit füllen kann. Die Mühe lohnt sich allemal, denn der Kuchen schmeckt unvergleichlich gut.

1. Für den Weizenhebel das Mehl und 50 ml Wasser vermischen, mit Klarsichtfolie zudecken und 24 Stunden bei Zimmertemperatur säuern lassen. Wer möchte, kann vor dem Verarbeiten 5 g der Menge abnehmen und damit einen neuen Weizenhebel ansetzen.
2. Für die Tränkflüssigkeit alle Zutaten aufkochen und durchziehen lassen.
3. Für den Teig das Mehl sieben, die Milch mit der Hefe verrühren. Mehl, Milch-Hefe-Mischung, Eier, Zucker und Weizenhebel zu einem glatten Teig verkneten. Butter und Salz mit dem elektrischen Handrührgerät (Stufe 2) unterkneten.
4. Sobald die Butter gut eingearbeitet ist und der Teig Blasen wirft, den Rum, die Früchte und die Mandeln unterkneten. Den fertigen Teig leicht mit Mehl bestäuben, mit Klarsichtfolie zudecken und 2 Stunden in den Kühlschrank stellen.
5. Anschließend nochmals kräftig durchkneten und zusammenschlagen.
6. Die Teigmenge halbieren. Je eine Hälfte mit wenig Mehl rund formen und mit dem Ellbogen ein Loch in die Mitte drücken. Die Gugelhupfformen von jeweils 1 Liter Inhalt dünn mit Butter einfetten. Den Teig hineingeben, mit Klarsichtfolie abdecken und bei 18 bis 20° C etwa 3–4 Stunden gehen lassen. Den Backofen auf 190° C vorheizen.
7. Die Kuchen auf der mittleren Schiene des heißen Backofens in 50–60 Minuten goldgelb backen.
8. Herausnehmen und vorsichtig auf ein Kuchengitter stürzen.
9. Die Tränkflüssigkeit durch ein feines Sieb gießen und die Kuchen damit bestreichen. Mit der flüssigen, aber nicht zu heißen Butter einpinseln. Zum Schluß mit Puderzucker bestäuben.

Panettone

Für die Früchtemischung:
100 g Rosinen
40 g Orangeatwürfel
30 g Zitronatwürfel
4 cl Rum
Für den Teig:
10 g Hefe, 180 ml Milch
480 g Mehl, 100 g Zucker
4 Eigelb (80 g)
1 Ei (50 g), 5 g Salz
100 g weiche Butter
Mark von 1 Vanilleschote
abgeriebene Schale von je
1/2 unbehandelten Zitrone und Orange
30 g zerlassene Butter zum Bestreichen

1. Die Früchte in Rum einweichen. Backofen auf 150° C vorheizen.
2. Hefe in 70 ml lauwarmer Milch auflösen und mit 100 g Mehl zu einem glatten Teig kneten. Mit einem feuchten Tuch bedecken. Backofen abschalten, die Tür öffnen und den Vorteig darauf stellen. 3 Stunden gehen lassen. Wieder auf 150° C vorheizen.
3. Den Vorteig zusammenschlagen und mit 45 g Mehl und 40 ml Milch zu einem glatten Teig abkneten. Wieder vor den abgeschalteten Ofen stellen und 2 Stunden gehen lassen.
4. 100 g Zucker mit 70 ml Milch auf Körpertemperatur erwärmen, die Eier hineinrühren.
5. Restliches Mehl, Eiermilch, Butter, Salz und Aromaten zum Vorteig geben und etwa 20 Minuten kneten. Dann die marinierten Früchte einarbeiten.
6. Den Teig in zwei Portionen teilen und in mit Backpapier ausgelegte Formen geben. 2 Stunden gehen lassen, bis sich der Teig verdoppelt hat. Den Teig über Kreuz einschneiden und 10 Minuten in den Kühlschrank stellen. Backen und nach etwa 15 Minuten die zerlassene Butter in das Kreuz streichen. In knapp 1 Stunde fertig backen.

Böhmische Dalken mit Powidl

Für 8 Dalken:
10 g Butter
10 g Hefe
160 ml lauwarme Milch
60 g Mehl
60 g Vollkornmehl
1 Eigelb (20 g)
Mark von 1/2 Vanilleschote
abgeriebene Schale von
1/4 unbehandelten Zitrone
1 Eiweiß (30 g)
15 g Zucker
1 Prise Salz
Außerdem:
80 g geklärte Butter oder Butterschmalz
ca. 100 g Powidl
Puderzucker zum Bestäuben

1. Die Butter in einem kleinen Topf schmelzen lassen. Die Hefe in die Milch bröckeln und darin auflösen. Das gesiebte Mehl mit dem Vollkornmehl in die Hefemilch rühren. Dann das Eigelb, Vanillemark, Zitronenschale und die flüssige Butter dazugeben. Alles gründlich verrühren und den Teig zugedeckt an einem warmen Ort etwa 1 Stunde gehen lassen.
2. Dann mit dem Schneebesen durchrühren, daß er wieder zusammenfällt.
3. Eiweiß mit Zucker und Salz zu einem cremigen und kompakten Schnee schlagen. Vorsichtig und gleichmäßig unter den Hefeteig heben. Den Backofen auf 200° C vorheizen.
4. In einer speziellen Pfanne mit Vertiefungen, Liwanzen- oder Dalkenpfanne genannt, die geklärte Butter bzw. das Butterschmalz erhitzen. Den Teig portionsweise in die Vertiefungen geben. Sobald die Liwanzen von unten goldbraun sind, mit der Fleischgabel wenden und für 5 Minuten in den Backofen schieben.
5. Wer keine Spezialpfanne besitzt, setzt Ringe in eine ausgefettete Pfanne, füllt dort den Teig hinein und stellt sie dann so lange in den Backofen, bis die Oberfläche angetrocknet ist. Dann aus dem Backofen nehmen und die Ringe entfernen. Reichlich Fett zugeben und in der Pfanne unter Wenden braten.
6. Auf jeden Dalken einen Teelöffel Powidl häufen und mit Puderzucker bestäubt sofort servieren.
7. Man kann die Dalken vor dem Servieren in heiße Vanillemilch tauchen, bevor sie mit Powidl bestrichen werden. Dazu die Milch mit Zucker nach Geschmack und aufgeschlitzter Vanilleschote erhitzen und etwa 30 Minuten ziehen lassen. Dann das Mark aus der Schote kratzen.

In Böhmen werden die Dalken vor allem zur Weihnachtszeit häufig zum Schluß mit Topfen begossen, der mit Milch und Zucker angerührt wurde. Anschließend werden sie mit feingeriebenen Lebkuchen bestreut. Kinder essen die Dalken auch gerne mit Zimtzucker bestreut und dazu Vanillesauce.

ECKART WITZIGMANN

Böhmische Dalken oder auch Liwanzen sind eine typische Mehlspeise zum Advent, denn um diese Zeit sind die Zwetschgen gerade richtig gedörrt, so daß man wieder frischen Powidl daraus kochen kann.

Powidl

Für das Powidl:
500 g Dörrpflaumen
1/2 l Rotwein
600 g Zucker
1 Gewürznelke
1 Zimtstange
2 cl Zitronensaft
4 cl Rum (58 %)

1. Die Dörrpflaumen über Nacht in 1/2 Liter Wasser einweichen. Am nächsten Tag mit dem Einweichwasser sowie 1/2 Liter Wasser, Rotwein und Zucker zum Kochen bringen und 10 Minuten bei schwacher Hitze köcheln lassen. Den Backofen auf 200° C vorheizen.
2. Die Fruchtmasse durch ein Sieb streichen und die Gewürze dazugeben. Erneut unter ständigem Rühren aufkochen lassen. Dann den Topf in den Backofen stellen und 3–4 Stunden unter gelegentlichem Umrühren einkochen lassen.
3. Zum Schluß mit Zitronensaft abschmecken und den Rum unterrühren. Sofort in Gläser füllen und gut verschließen. Kühl aufbewahrt hält sich der Powidl bis zum nächsten Jahr.

ECKART WITZIGMANN

Powidl, die böhmische Spezialität, paßt sowohl zu Dalken als auch zu Buchteln hervorragend. Bereiten Sie Powidl nach dem oben angegebenen Rezept doch einmal selbst zu. Es paßt zu vielerlei vorweihnachtlichen Mehlspeisen und Desserts.

Buchteln

Für die Buchteln:
1 Würfel (42 g) Hefe
145 ml Milch
500 g Mehl und Mehl zum Arbeiten
30 g Zucker
2 Eier (100 g)
3 Eigelb (60 g)
120 g weiche Butter
5 g Salz
Mark von 1 Vanilleschote
1 cl Rum
abgeriebene Schale von
1 unbehandelten Zitrone
Zum Bestreichen und Füllen:
80 g Butter
100 g Powidl (siehe nebenstehendes Rezept)
Puderzucker zum Bestäuben
Butter für die Form

1. Die Hefe in 85 ml lauwarmer Milch verrühren. 100 g Mehl und den Zucker zugeben. Mit etwas Mehl bestreuen, mit einem Tuch abdecken und an einem warmen Ort gehen lassen, bis sich der Vorteig verdoppelt hat.
2. Eier und Eigelb mit der restlichen Milch verrühren und mit dem Vorteig und dem restlichen Mehl zu einem glatten Teig verkneten. Nach und nach Butter, Salz, Vanillemark, Rum und Zitronenschale hinzufügen und so lange kneten, bis der Teig Blasen wirft. Zugedeckt 20 Minuten gehen lassen.
3. Dann erneut zusammenkneten, in drei Teile schneiden und 1/2 cm dick ausrollen.
4. Mit einem Ausstecher Kreise von 3 cm Durchmesser ausstechen. Eine feuerfeste, rechteckige Form dick mit weicher Butter ausstreichen. Die ausgestochenen Teigkreise mit 1 Teelöffel Powidl füllen. Den Backofen auf 180° C vorheizen.
5. Die Teigbällchen nachformen und dicht nebeneinander in die Form schichten. Mit wenig Puderzucker überstäuben und zugedeckt nochmals gehen lassen, bis die Buchteln doppelt so groß sind.
6. Dann dick mit Butter bestreichen und in etwa 15 bis 20 Minuten goldbraun backen. Die Buchteln stürzen, mit Puderzucker bestäuben und lauwarm servieren.

Glühwein-Savarin

Der Savarin ist ein klassisches französisches Gebäck, das jedoch ursprünglich aus Rußland stammt. In Rußland heißt es Baba (Großmütterchen). Es wird aus einem leichten, lockeren Hefeteig gemacht, der mit Punsch und zur Weihnachtszeit mit Glühwein getränkt wird. Das russische Rezept wurde in Frankreich verfeinert und dem Gastrosophen Brillat-Savarin gewidmet.

Für die Förmchen:

20 g Butter

50 g feingemahlene, geschälte Mandeln

Für den Teig:

10 g Hefe

150 g Mehl (Type 550), 1 Prise Salz

2 Eier (100 g), 10 g Zucker

abgeriebene Schale von 1/4 Zitrone

60 g flüssige, lauwarme Butter

Für den Glühwein:

350 ml Rotwein

125 g Zucker

1/4 Zimtstange

1/2 aufgeschlitzte Vanilleschote

2 Gewürznelken

Saft von 1/2 Zitrone und Orange

je ein kleines Stückchen unbehandelte Orangen- und Zitronenschale

Außerdem:

150 g Aprikosenkonfitüre

1/2 l Sahne

beliebige Früchte (z.B. Orangen oder frische Ananas)

1. 10 Ringförmchen von 8 cm Durchmesser mit Butter ausfetten, mit Mandeln ausstreuen und kalt stellen.
2. Hefe in lauwarmer Milch auflösen und mit 50 g Mehl verrühren. Mit etwas Mehl bestäuben und mit einem feuchten Tuch bedecken. Den Vorteig so lange gehen lassen, bis sich das Volumen verdoppelt hat.
3. Salz, Eier, Zucker und Zitronenschale schaumig aufschlagen und mit dem restlichen Mehl zum Vorteig geben und zu einem geschmeidigen Teig verkneten. Zum Schluß die flüssige Butter in den Teig gießen und so lange weiterschlagen, bis der Teig Blasen wirft. Mit Mehl bestäuben und zugedeckt erneut aufgehen lassen, bis sich das Teigvolumen verdoppelt hat.
4. Den Backofen auf 200° C vorheizen. Den Teig in einen Spritzbeutel mit 8er Lochtülle füllen und halbhoch in die vorbereiteten Ringförmchen spritzen.
5. Zugedeckt noch einmal etwa 15 Minuten aufgehen lassen.
6. Auf der mittleren Schiene des heißen Backofens 12–18 Minuten goldgelb backen.
7. Für den Glühwein den Rotwein in einen Topf gießen und die Aromaten hinzufügen. Einmal kräftig aufkochen lassen.
8. Den Glühwein von der Kochplatte nehmen und kalt werden lassen. Dann duch ein Sieb gießen. Aprikosenkonfitüre durch ein Sieb passieren und erhitzen.
9. Die Savarins aus den Förmchen stürzen, sofort in den Glühwein tauchen und auf ein Kuchengitter setzen. Mit heißer Aprikosenkonfitüre überziehen und trocknen lassen. Mit geschlagener Sahne und Früchten oder Kompott der Jahresezeit entsprechend servieren.

ECKART WITZIGMANN

Leider sind die zarten, lockeren Savarins bei uns immer noch wenig bekannt und geschätzt, obwohl sie, saftig getränkt und mit Sahne serviert, traumhaft schmecken. Da man sie vorzüglich vorbereiten kann, sind sie bestens geeignet für den krönenden Abschluß des Weihnachtsmenüs.

Brioche à tête

Für die Brioche:

100 g Mehl

75 ml lauwarme Milch

40 g Zucker

1 Würfel (42 g) Hefe

Für den Hauptteig:

90 ml Milch

1 Ei (50 g), 4 Eigelb (80 g)

400 g Mehl

160 g weiche Butter

10 g Salz, 1 cl Rum

Zum Bestreichen:

1 Eigelb, 2 EL Milch

1. Für den Vorteig das Mehl in eine Schüssel sieben. Milch, Zucker und zerbröckelte Hefe verquirlen und mit Mehl verrühren. Zugedeckt gehen lassen, bis sich die Teigmenge verdoppelt hat.
2. Für den Hauptteig Milch, Ei und Eigelb verquirlen und mit dem Vorteig und dem Mehl zu einem glatten Teig verkneten. Nach und nach die Butter, dann das Salz und den Rum einarbeiten. Mit Mehl bestäuben und zugedeckt 20–25 Minuten gehen lassen.
3. Den Teig kräftig durchkneten und zugedeckt 20–25 Minuten gehen lassen. Den Backofen auf 220° C vorheizen.
4. Briocheförmchen ausfetten und vom Teig etwa 50 g schwere Kugeln abstechen, davon etwa wieder 10 g abnehmen und ebenfalls zu kleinen Kugeln formen. Die größeren Kugeln in die Förmchen setzen und mit dem Finger eine Mulde in die Mitte drücken. Mit einer Mischung aus Eigelb und Milch bestreichen und das kleine Kügelchen, „tête“ (Köpfchen), darauf setzen. Alles mit Eigelb-Milch-Mischung bestreichen und im heißen Backofen goldbraun backen.

ECKART WITZIGMANN

Man kann den Briocheteig auch in einer Kastenform backen.

Mürbeteig

Mürbeteig für einfache Butterplätzchen:

300 g Mehl
100 g Puderzucker
200 g kalte Butter
1 Eigelb (20 g)
Mark von 1 Vanilleschote

ECKART WITZIGMANN

1–2–3, das ist das Grundprinzip des klassischen Mürbeteiges: 100 g Puderzucker, 200 g Butter, 300 g Mehl, hinzu kommen 1 Eigelb oder 1 kleines Ei und natürlich die gewünschten Aromen. Dieser Teig läßt sich gut ausrollen und ausstechen und ist daher ideal zum Plätzchenbacken mit Kindern.

1. Die Zutaten und möglichst auch die Hände sollten kühl sein.
2. Das Mehl auf eine Arbeitsplatte sieben und in die Mitte eine Mulde drücken. Den Zucker in diese Mulde streuen und das Ei oder Eigelb und die gewünschten Aromen, wie z. B. Vanillemark, unbehandelte Zitronen- oder Orangenschale oder Gewürze, hineingeben. Die kalte Butter in Stücke schneiden und auf den Mehlrand setzen.
3. Mit einem großen Messer erst alles rasch zerhacken, dann mit kalten Händen schnell zu einem glatten Teig verkneten.
4. Mit Sichtfolie umhüllt etwa 30 Minuten in den Kühlschrank legen.
5. Den Backofen auf 200° C vorheizen.
6. Den Teig auf der bemehlten Arbeitsplatte etwa 3 mm dick ausrollen und mit einem bemehlten Ausstecher beliebige Formen ausstechen. Auf ein gefettetes und bemehltes oder mit Backpapier ausgelegtes Backblech legen und im heißen Backofen in etwa 10 Minuten goldgelb backen.
7. Nach Belieben verzieren.

Das Mehl auf eine Arbeitsplatte sieben. Mit dem Löffelrücken eine Mulde in den Mehlberg drücken und den Zucker hineingeben.

Anschließend das Eigelb oder das Ei und die gewünschten Aromen in die Mulde geben. Die kalte Butter in kleine Stückchen schneiden und auf den Mehlrand setzen.

Mit einem großen Messer alles rasch, aber gründlich zu Bröseln zerhacken. Dann mit kalten Händen schnell zu einem glatten Teig verkneten.

Den Teig zu einer Kugel formen und mit Sichtfolie umhüllen. Mindestens 30 Minuten im Kühlschrank ruhen lassen, dann läßt er sich leichter verarbeiten.

Die Arbeitsfläche erneut mit etwas Mehl bestäuben und die Mürbteigkugel mit einem ebenfalls leicht bemehlten Nudelholz etwa 3 mm dick ausrollen.

Beliebige Formen ausstechen. Auf ein mit Backpapier ausgelegtes oder gefettetes und bemehltes Backblech legen und im 200° C heißen Backofen goldgelb backen.

Vanillekipferl

Für den Teig:
220 g kalte Butter
80 g Puderzucker
1 Prise Salz
Mark von 4 Vanilleschoten
100 g geschälte, geriebene Mandeln
280 g Mehl
Außerdem:
Keimöl und etwas Mehl für das Blech
Vanillezucker zum Wenden
oder Vanillepuderzucker (siehe Tip)

1. Die kalte Butter in kleine Stücke schneiden, mit dem gesiebten Puderzucker, Salz und Vanillemark glattkneten. Dabei darf die Butter weder schaumig werden noch klumpen. Am besten die Butter in eine Schüssel geben und mit der Hand kneten. Die Mandeln darüberstreuen und unterkneten.
2. Anschließend das gesiebte Mehl unterarbeiten. Der Teig darf dabei nicht mehr geknetet werden, sondern wird ähnlich wie bei der Herstellung von Kuchenstreuseln gerieben. Die so entstandenen Brösel auf ein Blech geben und zugedeckt über Nacht kühl stellen und ruhen lassen.
3. Am nächsten Tag den Teig zu Rollen formen. Kleine Portionsstücke abschneiden, nebeneinander auf eine Platte legen und noch einmal kurz kalt stellen.
4. Das Backblech leicht einölen und mit Mehl bestäuben. Die gekühlten Teigstückchen auf der Arbeitsfläche oder in der Hand zu kleinen Würstchen mit zwei spitz zulaufenden Enden formen, ähnlich wie Schupfnudeln.
5. Zu Kipferln biegen, mit ausreichendem Abstand auf das Blech setzen und für 1 Stunde kalt stellen. Den Backofen auf 140° C vorheizen.
6. Die Vanillekipferl im heißen Backofen in 15–20 Minuten blaßgelb backen. Sie sind fertig, wenn man sie mit zwei Fingern vom Blech heben kann.
7. Nach dem Herausnehmen sofort in Vanillepuderzucker wenden und auf einem Kuchengitter abkühlen lassen. Die Vanillekipferl vorsichtig in eine Blechdose schichten, so hält sich das zarte Gebäck bis zu sechs Wochen.

ECKART WITZIGMANN

Mein Tip für aromatischen Vanillezucker: Aufgeschlitzte Vanilleschoten, die man in Milch gekocht hatte, z. B. für Eis oder Cremes, nach dem Auskratzen des Marks abwaschen und gut trocknen lassen. Dann mit Zucker im Mixer so lange fein pürieren, bis die Schoten völlig zerbröselt sind und der Zucker zu Puderzucker geworden ist.

Linzerplätzchen

Für den Teig:
150 g kalte Butter
75 g Puderzucker und
20 g Vanillezucker
1 Ei (50 g)
1 Prise Salz
1 Msp gemahlener Kardamom
1 Msp gemahlener Zimt
1 Msp gemahlene Gewürznelken
1 TL Kirschwasser
150 g Mehl (Type 550)
150 g geschälte, feingeriebene Mandeln
Außerdem:
Keimöl und Mehl für das Blech
Puderzucker zum Bestäuben
125 g Johannisbeergelee

1. Die Butter in kleine Stücke schneiden und mit Puderzucker und Vanillezucker mit möglichst kühlen Händen rasch verkneten. Nacheinander das Ei, Salz, die Gewürze und das Kirschwasser dazugeben und einarbeiten.
2. Mehl und Mandeln darüberstreuen und zwischen den Händen, wie bei der Herstellung von Streuseln, mit reibenden Bewegungen unter den Teig arbeiten. Dann rasch zusammenkneten und zu einer Kugel formen. Mit Sichtfolie umhüllt über Nacht kühl stellen.
3. Am nächsten Tag den Teig auf einer leicht bemehlten Arbeitsplatte etwa 3 mm dick ausrollen und mit dem gezackten Ausstecher Plätzchen ausstechen. Aus der Hälfte der Plätzchen nochmal mit dem runden Ausstecher kleine Kreise ausstechen, so daß Ringe entstehen.
4. Auf ein mit Backpapier ausgelegtes Backblech setzen und etwa 10 Minuten kalt stellen. Den Backofen auf 150° C vorheizen.
5. Auf die mittlere Schiene des heißen Backofens schieben und in etwa 20 Minuten goldgelb backen.
6. Mit einer Palette vorsichtig vom Backblech heben und abkühlen lassen.
7. Plätzchen mit dem Loch in der Mitte dick mit Puderzucker bestäuben. Auf die anderen Plätzchen mit dem Spritzbeutel kleine Johannisbeergelee-Punkte setzen und die Ringe daraufsetzen.

ECKART WITZIGMANN

Die echten Linzerplätzchen werden natürlich mit Johannisbeergelee gefüllt, sie schmecken aber auch mit Aprikosen-, Orangen-, Kirsch- oder einer anderen Lieblingskonfitüre Ihrer Familie. Wenn Sie Konfitüre nehmen, sollte diese nicht im Mixer püriert werden, da sie sonst den Glanz verliert. Besser durch ein Sieb passieren.

Haselnuß-kipferl

Für den Teig:

140 g gemahlene Haselnüsse
400 g Butter
140 g Puderzucker
1 Prise Salz
Mark von 3 Vanilleschoten
560 g Mehl

Außerdem:

Vanillepuderzucker zum Wenden

1. Die Haselnüsse trocken in einer Pfanne goldbraun rösten und ausgebreitet abkühlen lassen.
2. Die Butter mit Puderzucker, Salz, Zitronenschale und Vanillemark rasch verrühren. Die Buttermasse darf aber keinesfalls schaumig werden, da die Kipferl sonst beim Backen die Form verlieren.
3. Das Mehl und die abgekühlten Haselnüsse vermischen und 3/4 davon in die Buttermasse einarbeiten. Den Teig zwischen den Händen zu Bröseln verreiben. Es muß ein bröseliger Teig entstehen, ähnlich wie Streusel. Den Teig mit Sichtfolie umhüllen und 1–2 Stunden kühl stellen.
4. Nun schnell mit möglichst kalten Händen die restliche Mehl-Nuß-Mischung unterkneten, bis ein glatter, formbarer Teig entsteht. Auf keinen Fall zu lange kneten, sonst wird der Teig bröselig.
5. Den Backofen auf 200° C vorheizen. Vom Teig kleine Portionen abstechen, etwa 15–20 g schwer, und Würstchen mit spitz zulaufenden Enden formen. Auf ein mit Backpapier ausgelegtes Blech legen und im heißen Backofen in 14–18 Minuten hell backen.
6. Die Kipferl vorsichtig vom Blech heben und sofort in Vanillepuderzucker wenden.

Ischler Bäckerei

Für den Teig:

140 g Butter
140 g Puderzucker
1 Prise Salz
5 Tropfen Bittermandelöl
1 Msp gemahlener Zimt
1 Eigelb (20 g)
140 g Mehl
170 g gemahlene Mandeln

Außerdem:

ca. 100 g Aprikosenkonfitüre
100 g geschälte, gehackte Mandeln
ca. 125 g Himbeerkonfitüre
150 g Halbbitterkuvertüre

1. Aus Butter, Puderzucker, Salz, Bittermandelöl, Zimt, Eigelb, Mehl und Mandeln einen Teig zubereiten, wie bei Linzerplätzchen (Seite 43) ausführlich beschrieben. Über Nacht kühl stellen.
2. Am nächsten Tag den Teig auf einer bemehlten Arbeitsplatte rasch durchkneten und 3 mm dick ausrollen. Mit einem runden, gezackten Ausstecher Plätzchen ausstechen und auf ein mit Backpapier ausgelegtes Backblech legen. Noch einmal 10 Minuten kalt stellen. Den Backofen auf 150° C vorheizen. Sobald der Backofen die Temperatur erreicht hat, die Plätzchen in etwa 15 Minuten goldgelb backen.
3. Herausnehmen und abkühlen lassen.
4. Aprikosen- und Himbeerkonfitüre getrennt durch ein feines Sieb passieren. Die Aprikosenkonfitüre erhitzen, die Hälfte der Plätzchen damit bestreichen und sofort in die gehackten Mandeln tauchen. Die restlichen Plätzchen mit der Himbeerkonfitüre bestreichen und jeweils zwei Plätzchen zusammensetzen.
5. Eine Tüte aus Pergamentpapier formen, die aufgelöste, flüssige Kuvertüre hineinfüllen und in dünnen Fäden über die Plätzchen spritzen.

Heidesand-Taler

Für den Teig:

375 g Mehl
25 g Speisestärke (z. B. Mondamin)
250 g Butter
150 g Puderzucker
1 Prise Salz
abgeriebene Schale von 1/2 Zitrone
Mark von 1/2 Vanilleschote

Außerdem:

1 Eigelb (20 g)
Hagelzucker zum Bestreuen
4–6 EL Aprikosenkonfitüre

1. Mehl und Mondamin miteinander vermischen und sieben. Die kalte, in kleine Würfel geschnittene Butter mit Puderzucker, Salz, Zitronenschale und Vanillemark glatt verkneten. Das Eigelb einarbeiten.
2. Danach die Mehl-Speisestärke-Mischung einarbeiten, allerdings nicht kneten, sondern zwischen den Händen verreiben. Es muß ein bröseliger Teig, in der Konsistenz ähnlich wie Streusel, entstehen. Den Teig in Klarsichtfolie einschlagen und am besten über Nacht im Kühlschrank ruhen lassen.
3. Am nächsten Tag den Teig auf einer leicht bemehlten Arbeitsplatte rasch durchkneten. In drei Teile teilen und jeweils Rollen von 2,5 cm Durchmesser formen. Nochmals kalt stellen.
4. Die Rollen rundherum mit verquirltem Eigelb bepinseln und in Hagelzucker wälzen. Erneut kalt stellen. Den Backofen auf 180° C vorheizen.
5. Die Rollen in ca. 6 mm dicke Scheiben schneiden. Mit dem Holzlöffelstiel eine kleine Mulde in die Mitte der Plätzchen drücken.
6. Aprikosenkonfitüre durch ein Sieb passieren und glattrühren. Jeweils etwas davon in die vorbereiteten Mulden füllen. In den heißen Ofen schieben und in ca. 10–12 Minuten goldgelb backen.

Zimt-kränzchen

Für den Teig:

300 g Mehl
140 g geriebene Mandeln
140 g Zucker
2 TL gemahlener Zimt
abgeriebene Schale von
1/2 unbehandelten Orange
Mark von 1/2 Vanilleschote
300 g kalte Butter

Außerdem:

4–5 EL Vanillezucker oder
150 g Vollmilchkuvertüre

1. Das Mehl auf eine Arbeitsplatte sieben und mit den feingeriebenen Mandeln, Zucker, Zimt, Orangenschale und Vanillemark vermischen und anhäufen.
2. Die kalte Butter in kleine Stücke schneiden und auf der Mehlmischung verteilen. Mit einem großen Messer alles bröselig zerhacken, dann rasch mit möglichst kühlen Händen zu einem glatten Teig verkneten. Mit Sichtfolie umhüllt einige Stunden kühl stellen.
3. Den Teig auf einer bemehlten Arbeitsplatte 3 mm dick ausrollen und runde Plätzchen ausstechen. Mit einem kleinen Ausstecher kleine Kreise in der Mitte jedes Plätzchens ausstechen, so daß Ringe entstehen. Auf ein mit Backpapier ausgelegtes Backblech legen und erneut kühl stellen.
4. Den Backofen auf 200° C vorheizen. Die Ringe auf der mittleren Schiene des heißen Backofens in etwa 10 Minuten goldgelb backen. Sofort in Vanillezucker tauchen und auf einem Kuchengitter abkühlen lassen. Will man die Plätzchen mit Kuvertüre überziehen, läßt man sie erst abkühlen. Die Kuvertüre schmelzen lassen und die Ringe damit überziehen. Auf einem Kuchengitter abtropfen lassen.

Wiener Spitzbuben

Für den Teig:

200 g Mehl
100 g Puderzucker
Mark von 2 Vanilleschoten
120 g kalte Butter

Außerdem:

5–6 EL aromatische Konfitüre, z. B.
Preiselbeeren, Johannisbeeren oder
Sauerkirschen, je nach Geschmack
Puderzucker zum Bestäuben

1. Das Mehl auf eine Arbeitsplatte sieben und mit Puderzucker und Vanillemark vermischen und anhäufen.
2. Die kalte Butter in kleine Stücke schneiden und auf der Mehlmischung verteilen. Mit einem großen Messer alles bröselig zerhacken, dann rasch mit möglichst kühlen Händen zu einem glatten Teig verkneten. Mit Sichtfolie umhüllt einige Stunden kühl stellen.
3. Den Teig auf einer bemehlten Arbeitsplatte 3 mm dick ausrollen und mit dem Ausstecher, eventuell mit gezacktem Rand, ovale Plätzchen ausstechen. Auf ein mit Backpapier ausgelegtes Backblech legen und erneut etwa 1 Stunde kühl stellen.
4. Backofen auf 180° C vorheizen. Die Plätzchen auf der mittleren Schiene des heißen Backofens in etwa 10–12 Minuten goldgelb backen.
5. Herausnehmen und abkühlen lassen. Die Konfitüre durch ein Sieb passieren und jeweils zwei Plätzchen damit zusammensetzen. Die Spitzbuben dicht nebeneinanderlegen und mit Puderzucker bestäuben. Wer möchte, kann die Spitzbuben auch, ähnlich wie das Ischler Gebäck, mit Kuvertüre fadenartig bespritzen.

Kokos-stangerl

Für den Teig:

80 g Butter
80 g Puderzucker
abgeriebene Schale von
1/2 unbehandelten Zitrone
2 Eigelb (40 g)
125 g Mehl
125 g Kokosflocken
1/2 Päckchen Backpulver
1/8 l Milch

1. Butter und Zucker miteinander verrühren, aber nicht schaumig rühren. Zitronenschale und Eigelb einarbeiten.
2. Mehl, Kokosflocken und Backpulver vermischen und rasch unter den Teig kneten. Falls der Teig etwas zu weich ist, noch etwas Mehl hinzufügen. Mit Sichtfolie umhüllt etwa 1 Stunde kühl stellen.
3. Den Teig auf einer bemehlten Arbeitsplatte 4 mm dick ausrollen und mit einem Teigrädchen Streifen von 2 cm Breite und 5 cm Länge ausradeln. Auf ein mit Backpapier ausgelegtes Backblech legen und erneut etwa 30 Minuten kühl stellen. Den Backofen auf 200° C vorheizen.
4. Die Stangerl mit Milch bestreichen und im heißen Backofen auf der mittleren Schiene in etwa 12–14 Minuten goldgelb backen. Das Gebäck darf auf keinen Fall bräunen, da es sonst bitter schmeckt. Gegebenenfalls die Backofentemperatur reduzieren.

ECKART WITZIGMANN

Bei allen Mürbeteigplätzchen muß man darauf achten, daß die verwendeten Zutaten gut gekühlt sind und vor allem auch der Teig zwischendurch immer wieder kühl gestellt wird. Ist der Teig zu weich, bröselt er leicht beim Verarbeiten, und auch das fertige Gebäck ist bröselig.

Spritzgebäck

Spritzgebäck ist die berühmte Ausnahme von der Regel. Es zählt auch zur Gruppe der Mürbeteige. Da man den Teig aber rührt und nicht knetet, heißt er in der Konditorsprache Spritz-Mürbeteig. Zum Formen füllt man den Teig in einen Spritzbeutel und dressiert hübsche Formen auf das Blech.

Für mürbes Spritzgebäck:
200 g weiche Butter
100 g Puderzucker
1 TL natürliches Vanillearoma
abgeriebene Schale von 1/2 Zitrone
1 Ei (50 g), 1 Eigelb (20 g)
2 EL Rum
6–8 EL Milch
180 g Mehl
120 g Speisestärke (z. B. Mondamin)
Keimöl und Mehl für das Blech
Für knuspriges Spritzgebäck:
125 g weiche Butter
125 g Puderzucker
1 EL Rum, 1 Ei (50 g)
200 g Mehl
80 g gemahlene Haselnüsse
Außerdem:
Keimöl und Mehl für das Blech
Kuvertüre zum Eintauchen der Enden
oder Puderzucker zum Bestäuben

ECKART WITZIGMANN

Je mürber man das Gebäck möchte, um so mehr Speisestärke muß man hinzufügen. Soll das Gebäck knusprig werden, muß man die Masse vor dem Backen lange kalt stellen.

Mürbe Version:

1. Für die Zubereitung des mürben Gebäcks die Butter mit Puderzucker und Vanillearoma schaumig rühren. Nach und nach die Zitronenschale, das Ei und das Eigelb hinzufügen und zu einer schaumigen Masse aufschlagen. Rum und Milch dazugießen und die Mischung aus Mehl und Stärkemehl rasch unterrühren. Keinesfalls zu lange rühren, da der Teig sonst klebrig wird. Mindestens 30 Minuten kühl stellen.
2. Den Backofen auf 190° C vorheizen. Das Backblech einölen und mit Mehl bestäuben.
3. Die Masse in einen Spritzbeutel mit 5er Sterntülle füllen und S-Schleifen, Kringel oder Tupfen auf das Blech spritzen. Auf der mittleren Schiene des heißen Backofens in etwa 10–15 Minuten goldgelb backen.

Knusprige Version:

1. Das knusprige Spritzteiggebäck wird auf die gleiche Weise zubereitet. Allerdings muß der Teig dann zugedeckt mindestens sechs Stunden, besser über Nacht, durchkühlen.
2. Dann auf ein geöltes und bemehltes Backblech S-Formen oder Kringel spritzen und erneut 3–4 Stunden kalt stellen.
3. Den Backofen auf 200° C vorheizen und das Gebäck in 15–18 Minuten goldgelb und knusprig backen.

Bei beiden Versionen kann man die Plätzchen entweder mit aufgelöster und temperierter Kuvertüre überziehen oder die Enden in flüssige Kuvertüre eintauchen. Man kann das Gebäck aber auch nur mit Puderzucker bestäuben.

Schokogebäck

Für den Teig:
200 g Butter
80 g Puderzucker
20 g Vanillezucker
1 Prise Salz
4 Eigelb (80 g)
20 g Kakaopulver
200 g Mehl
Für die Füllung:
1/4 l Sahne
250 g Zartbitterkuvertüre

1. Den Backofen auf 160° C vorheizen. Die Backbleche mit Pergamentpapier auslegen. Backpapier eignet sich hier nicht, da darauf die Plätzchen zu sehr auseinanderlaufen würden.
2. Die Butter mit Puderzucker, Vanillezucker und Salz sahnig rühren, keinesfalls zu schaumig aufschlagen. Nach und nach das Eigelb dazugeben und das mit Kakao vermischte Mehl rasch untermischen.
3. Die Masse in einen Dressierbeutel mit 7er Lochtülle füllen und kleine Halbkugeln im Durchmesser von 2 cm auf das ausgelegte Backblech spritzen.
4. Im heißen Backofen in etwa 10–15 Minuten backen. Herausnehmen und abkühlen lassen.
5. Die Sahne aufkochen lassen und die gehackte Kuvertüre darin auflösen. Mit einem Mixstab gründlich vermischen, ohne allerdings zu schaumig zu schlagen. Die Schokoladenmasse in eine Schüssel umfüllen, unter gelegentlichem Rühren erkalten lassen und in einen Spritzbeutel mit 4er Sterntülle füllen. Jeweils eine kleine Rosette auf die Unterseite eines Plätzchens spritzen und mit einem zweiten zusammensetzen. Wer es noch schokoladiger möchte, taucht das Gebäck einfach in flüssige Kuvertüre und läßt es auf einem Kuchengitter abtropfen.

Florentiner Plätzchen

Für den Teig:

75 g Butter
50 g Puderzucker
1 Prise Salz
1 1/2 Eiweiß (50 g)
110 g Mehl
40 g Speisestärke (z. B. Mondamin)

Für die Florentinermasse:

120 g Zucker
40 g Honig
50 ml Sahne
60 g Butter
120 g Mandelblättchen

1. Die weiche Butter mit Puderzucker und Salz schaumig aufschlagen. Nach und nach das Eiweiß dazugeben. Mehl und Speisestärke vermischen und mit einem Kochlöffel rasch unterrühren. Es muß eine weiche, formbare Masse entstehen. In einen Spritzbeutel mit 3er Lochtülle füllen.

2. Kreise im Durchmesser von 5 cm auf die Rückseite eines Backpapiers aufzeichnen und Backbleche damit belegen.

3. Mit dem Spritzbeutel die Masse auf die vorgezeichneten Kreise dressieren und kühl stellen.

4. Für die Florentinermasse alle Zutaten bis auf die Mandeln auf 106° C erhitzen. Wer kein Thermometer hat, läßt die Masse einfach 3 Minuten bei starker Hitze kochen. Die Mandelblättchen unter die heiße Masse rühren und abkühlen lassen.

5. Den Backofen auf 180° C erhitzen. Die Florentinermasse mit einem kleinen Löffel in die aufgespritzten Ringe verteilen. Mit angefeuchteten Fingerspitzen ein wenig auseinanderdrücken.

6. Im heißen Backofen auf der mittleren Schiene in etwa 10–15 Minuten goldgelb backen.

ECKART WITZIGMANN

Dies ist eine Abwandlung der echten Florentiner Plätzchen. Das Rezept ist einfacher in der Zubereitung, aber auch sehr gut.

Schokoladenbrezeln

Für den Teig:

125 g Butter
50 g Puderzucker
Mark von 1/2 Vanilleschote
1 Prise Salz
1 Ei (50 g)
1 Eigelb (20 g)
215 g Mehl
10 g Kakaopulver

Außerdem:

Keimöl und Mehl für das Blech
300 g Zartbitterkuvertüre
Haselnußkrokant zum Bestreuen
Hagelzucker zum Bestreuen

1. Die weiche Butter mit Puderzucker, Vanillemark und Salz schaumig aufschlagen. Nach und nach das mit dem Ei verquirlte Eigelb dazugeben. Nun mit einem Kochlöffel das mit Mehl vermischte Kakaopulver unterrühren. Die Masse muß weich und formbar sein. Das Backblech dünn mit Keimöl bestreichen und mit Mehl bestäuben. Den Backofen auf 180° C vorheizen.

2. Den Teig in einen Spritzbeutel mit 3er Lochtülle füllen und kleine Brezen auf das vorbereitete Blech spritzen. Im heißen Backofen etwa 10 Minuten backen und auf einem Kuchengitter abkühlen lassen.

3. Die Kuvertüre mit einem großen Messer zerhacken und über einem Wasserbad auflösen. Abkühlen lassen und erneut erwärmen.

4. Die Brezen mit der Kuvertüre überziehen und auf einem Kuchengitter abtropfen lassen. Eine Hälfte der Plätzchen mit Krokant, die andere mit Hagelzucker bestreuen.

Hasis Buttergebäck

Für den Teig:
500 g Mehl
6 g Backpulver
200 g Puderzucker
1 EL Vanillezucker
2 Eier (100 g)
250 g kalte Butter
2–3 EL Milch
Außerdem:
5–6 EL Konfitüre (nach Geschmack)
Puderzucker zum Bestäuben

1. Das Mehl mit dem Backpulver auf eine Arbeitsplatte sieben und in die Mitte eine Mulde drücken. Den Puder- und Vanillezucker in diese Mulde streuen und die Eier hineingeben. Die kalte Butter in Stücke schneiden und auf den Mehlrand setzen.
2. Mit einem großen Messer alles rasch zerhacken. Die Milch darüberträufeln und dann mit kalten Händen schnell zu einem glatten Teig verkneten.
3. Mit Sichtfolie umhüllt etwa 30 Minuten in den Kühlschrank legen. Den Backofen auf 200° C vorheizen.
4. Den Teig auf der bemehlten Arbeitsplatte etwa 3 mm dick ausrollen und mit einem bemehlten Ausstecher beliebige Formen ausstechen. Auf ein gefettetes und bemehltes oder mit Backpapier ausgelegtes Backblech legen und im heißen Backofen in etwa 10 Minuten goldgelb backen.
5. Herausnehmen und abkühlen lassen. Die Konfitüre durch ein Sieb streichen und jeweils zwei Plätzchen damit zusammensetzen. Dicht nebeneinander liegend mit Puderzucker bestäuben.

ECKART WITZIGMANN

Dies ist ein altes Rezept aus der Familie meines Freundes Hasi Unterberger aus Kitzbühel.

Schokoladenbohnen

Für den Teig:
40 g Zartbitterkuvertüre
200 g Butter
60 g Puderzucker
Prise Salz, 1 Msp gemahlener Zimt
3 Eigelb (60 g)
200 g Mehl (Type 405)
40 g Speisestärke (z. B. Mondamin)
Außerdem:
500 g Haselnußnougat
150 g Zartbitterkuvertüre

1. Den Backofen auf 160° C vorheizen. Zwei Backbleche mit Brotpapier auslegen. Die Kuvertüre im Wasserbad auflösen und wieder auf Zimmertemperatur abkühlen lassen.
2. Die Butter mit Puderzucker, Salz und Zimt cremig, aber nicht zu schaumig rühren.
3. Die Kuvertüre unterrühren und nach und nach das Eigelb dazugeben. Das Mehl mit der Speisestärke sieben und rasch mit einem Kochlöffel unter die Buttermasse ziehen. Die Masse in einen Dressierbeutel mit 5er Lochtülle füllen.
4. Kleine Bohnen auf das ausgelegte Backblech dressieren und im heißen Backofen 12–15 Minuten backen. Das Gebäck ist fertig, wenn sich die Bohnen auf dem Papier verschieben lassen. Herausnehmen und abkühlen lassen.
5. Die Nougatmasse über einem Wasserbad erwärmen, bis sie streichfähig ist. Dann in einen Spritzbeutel mit 3er Lochtülle füllen und etwas davon auf die Unterseite der Bohnen spritzen. Jeweils zwei Bohnen zusammensetzen.
6. Die Kuvertüre in einem Wasserbad schmelzen lassen und die beiden Enden der Bohnen in die flüssige Kuvertüre tauchen. Auf einem Kuchengitter abkühlen lassen.

ECKART WITZIGMANN

Wem die Nougatfüllung zu süß ist, setzt die Bohnen mit einer pikanten Konfitüre zusammen. Köstlich schmecken sie z. B. mit Preiselbeer- oder Johannisbeerkonfitüre gefüllt.

Gewürzspekulatius

Für den Teig:
275 g Butter
325 g feiner Farinzucker
100 g Kuchenbrösel
50 ml Milch
1 Eigelb
75 g geriebene Mandeln
550 g Mehl
10 g Spekulatius-Gewürzmischung
1 Prise Salz
Außerdem:
Mehl zum Ausstäuben der Formen
Milch zum Bestreichen

1. Die gut gekühlte Butter mit dem Farinzucker verkneten. Erst die Kuchenbrösel und die Milch einarbeiten, dann das Eigelb und die übrigen Zutaten dazugeben und zwischen den Händen verbröseln, ähnlich wie bei der Zubereitung von Streuseln. Auf einem Backblech verteilen und über Nacht kalt stellen.

2. Am nächsten Tag den Teig kurz durchkneten und mit einem Nudelholz etwa 3 mm dick ausrollen. In Rechtecke etwa so groß wie die Formen schneiden.

3. Die Spekulatiusformen mit Mehl ausstäuben und die ausgerollte Teigplatte darüberlegen. Mit dem Nudelholz darüberrollen und dabei den Teig in die Formen drücken. Den überschüssigen Teig am besten mit einem dünnen Draht abschneiden.

4. Die Plätzchen aus den Modeln klopfen und auf ein mit Backpapier ausgelegtes Backblech legen. Mit Milch bestreichen. So fortfahren, bis der Teig aufgebraucht ist. Den Backofen auf 180° C vorheizen.

5. Die Spekulatius in etwa 15–20 Minuten goldbraun backen und abgekühlt in Blechdosen aufbewahren.

ECKART WITZIGMANN

Spekulatiusgewürz ist eine Mischung aus pulverisiertem Kardamom, Muskatblüte, Nelken und Zimt.

• • •

Natron ist doppelsaures Natrium, eine Backhilfe, die als Lockerungsmittel wirkt. Es ist auch Bestandteil des Backpulvers. Natron nimmt man bevorzugt für schwere Teige.

• • •

Als Farin bezeichnet man den ungereinigten, ungebleichten Rohzucker, der gelb bis mittelbraun ist. Er ist etwas würziger im Geschmack als raffinierter Zucker. Man nimmt ihn zu Weihnachtsgebäck, z. B. Gewürzspekulatius, und auch zum Süßen von Tee.

• • •

Reste von trockenem Kuchen niemals wegwerfen, sondern in der Küchenmaschine zu feinen Bröseln vermahlen. Wer keine Kuchenbrösel hat, zermahlt am besten fertige Löffelbiskuits.

Gewürzkrapferl

Für den Teig:
250 g Mehl
50 g gemahlene Mandeln
50 g feingehacktes Orangeat
1 TL gemahlener Zimt
1 Msp gemahlene Gewürznelken
1 Msp gemahlene Muskatnuß
200 g Puderzucker
1 Ei (50 g), 1 Eigelb (20 g)
80 g kalte Butter
Außerdem:
Puderzucker zum Bestäuben

1. Das gesiebte Mehl mit Mandeln, Orangeat, Gewürzen und Puderzucker auf eine Arbeitsplatte häufen und mit dem Löffelrücken eine Mulde hineindrücken. Das Ei und das Eigelb hineingeben und die Butter in kleine Stücke geschnitten darauf verteilen. Mit einem großen Messer gründlich zerhacken, dann mit möglichst kühlen Händen zu einem glatten Teig verkneten. Mit Sichtfolie umhüllt etwa 1 Stunde kühl stellen.
2. Den Backofen auf 200° C vorheizen. Den Teig auf einer leicht bemehlten Arbeitsplatte etwa 3 mm dick ausrollen und runde Plätzchen mit 3 cm Durchmesser ausstechen. Auf ein mit Backpapier ausgelegtes Blech legen und im heißen Backofen in etwa 10 Minuten goldgelb backen. Nach dem Abkühlen mit Puderzucker bestäuben.

ECKART WITZIGMANN

Noch besser schmecken die Krapferl allerdings, wenn man zwei mit Orangenmarmelade zusammensetzt und sie mit einem Zuckerguß aus Puderzucker und Orangenlikör glasiert und mit Orangenzesten oder Orangeatstreifen bestreut.

Anisscharten

Für den Teig:
150 g weiche Butter
150 g Zucker
3 Eier (150 g)
abgeriebene Schale von
1/2 unbehandelten Zitrone
150 g Mehl
Zum Bestreuen:
1–2 EL Anis

1. Die weiche Butter mit dem Zucker schaumig rühren und nach und nach die Eier sowie die Zitronenschale dazugeben. Zu einer schaumigen Masse schlagen und löffelweise das gesiebte Mehl unterrühren.
2. Den Backofen auf 200° C vorheizen.
3. Den Teig in einen Spritzbeutel mit 5er Lochtülle füllen und mit größerem Abstand flache, runde Plätzchen auf ein mit Backpapier ausgelegtes Blech spritzen. Mit Anis bestreuen und im heißen Backofen in wenigen Minuten hellgelb backen.
4. Das Blech aus dem Backofen nehmen und die etwas auseinandergelaufenen Plätzchen sofort über einen Kochlöffelstiel biegen. Dies muß geschehen, solange die Plätzchen noch warm sind.

ECKART WITZIGMANN

Dies ist ein altes Rezept aus einem Wiener Mehlspeisenbuch, dem meine Mutter viele ihrer Plätzchenrezepte entnommen hat. Spritzt man die Masse in fingerdicken Streifen auf das Blech und läßt den Anissamen weg, erhält man die sogenannten Hobelspäne.

Madeleines

Für den Teig:
250 g Butter
6 Eier (300 g)
400 g Zucker
1 Prise Salz
abgeriebene Schale von
1/2 unbehandelten Zitrone
Mark von 1/2 Vanilleschote
einige Tropfen Orangenwasser
550 g Mehl, 10 g Backpulver
200 ml lauwarme Milch
Außerdem:
Keimöl zum Ausfetten der Förmchen
Mehl zum Ausstäuben der Förmchen
ca. 200 g Zitronenglasur
3–4 EL gehackte Pistazien

1. Butter in einem Topf leicht bräunen lassen und durch ein Haarsieb gießen. Die Madeleines-Förmchen ausfetten und ausstäuben. Nebeneinander auf ein Backblech legen.
2. Eier, Zucker und Salz über einem leicht siedenden Wasserbad mit einem Handrührgerät aufschlagen, bis sich der Zucker gelöst hat. Herausnehmen und weiterschlagen.
3. Auf höchster Stufe 5 Minuten schaumig schlagen, dann auf Stufe 2 weitere 10–15 Minuten schlagen.
4. Die Aromen und die gesiebte Mehl-Backpulver-Mischung vorsichtig mit einem Teigschaber einarbeiten. Zum Schluß die Milch und die flüssige Butter unterziehen. Die Masse in einen Spritzbeutel füllen und in die vorbereiteten Formen spritzen.
5. 45 Minuten ruhen lassen. Backofen auf 220° C vorheizen. Die Madeleines in den heißen Backofen schieben. Nach 5 Minuten die Hitze reduzieren und bei 200° C in 10–12 Minuten fertig backen.
6. Aus den Förmchen stürzen und auf einem Kuchengitter abkühlen lassen. Mit Zitronenglasur überziehen und mit Pistazien bestreuen.

Cookies

Für den Teig:
400 g Zartbitterkuvertüre
210 g Butter
200 g Zucker
160 g Farinzucker
5 g Salz
Mark von 1 Vanilleschote
10 g Backpulver
150 g grobgehackte Walnüsse
350 g Mehl
2 Eier (100 g)

1. Die Kuvertüre im Wasserbad auflösen und über einer Schüssel mit eiskaltem Wasser unter Rühren wieder abkühlen lassen, bis sie dressierfähig ist. Nun schnell in einen Dressierbeutel mit 3er Lochtülle umfüllen und auf ein kaltes, mit Backpapier ausgelegtes Backblech Linien aufspritzen. Kalt stellen und anschließend mit einem großen Messer in kleine Stücke hacken.
2. Die Butter mit Zucker, Farinzucker, Salz, Vanillemark und Backpulver mit Hilfe des Handrührgerätes verrühren. Dann die Walnüsse hinzufügen und das Mehl mit der Hand unterkneten. Ein Ei nach dem anderen einarbeiten und zum Schluß schnell die kalten Kuvertürestückchen unterkneten.
3. Den Teig zugedeckt mindestens 3 Stunden, besser über Nacht, kalt stellen.
4. Den gut gekühlten Teig in fünf Teile teilen und diese mit wenig Mehl zu Rollen von 4 cm Durchmesser formen. Die Teigrollen mit Sichtfolie umhüllen und einfrieren.
5. Jeweils nur eine Stange herausnehmen. Den Ofen auf 180° C vorheizen. Die leicht angetauten Rollen in fingerdicke Scheiben schneiden und mit reichlich Abstand auf ein mit Backpapier ausgelegtes Blech setzen.
6. Im heißen Backofen in 10–12 Minuten backen.
In einer Blechdose aufbewahrt, sind die Cookies lange haltbar.

Sahnehörnchen

Für den Teig:
400 g Mehl
80 g Zucker
abgeriebene Schale von
1 unbehandelten Zitrone
1 Prise Salz
1 Msp Hirschhornsalz
1/8 l Sahne
2 Eier (100 g)
250 g kalte Butter
Außerdem:
4–5 EL Aprikosenkonfitüre
2 Eigelb (40 g)
2 EL Milch

1. Das Mehl auf eine Arbeitsplatte sieben und in die Mitte eine Mulde drücken. Zucker, Zitronenschale, Salz, Hirschhornsalz, Sahne und Eier hineingeben. Die kalte Butter in kleine Stücke schneiden und auf den Mehlrand setzen.
2. Mit einem großen Messer erst alles rasch zerhacken, dann mit kalten Händen schnell zu einem glatten Teig verkneten.
3. Mit Sichtfolie umhüllt etwa 30 Minuten in den Kühlschrank legen.
4. Den Backofen auf 200° C vorheizen. Den Teig auf der bemehlten Arbeitsplatte etwa 3 mm dick ausrollen und in kleine Quadrate von etwa 5 mal 5 cm schneiden.
5. Jeweils in die Mitte der Quadrate etwas Konfitüre geben und von einer Ecke zur gegenüberliegenden aufrollen. Zu Hörnchen formen und auf ein mit Backpapier ausgelegtes Backblech legen.
6 . Eigelb und Milch verquirlen und die Hörnchen damit bestreichen. Im heißen Backofen in etwa 10 Minuten goldgelb backen.

Husarenkrapferl

Für den Teig:
175 g weiche Butter
110 g Puderzucker
Saft und Schale von
1 unbehandelten Zitrone
4 Eigelb (80 g)
1 Ei (50 g)
200 g Mehl
80 g geschälte, gemahlene Mandeln
Außerdem:
125 g Johannisbeergelee
1 Eigelb (20 g)
2 EL Milch
je 1 Prise Salz und Zucker

1. Die Butter mit dem Puderzucker schaumig aufschlagen. Zitronenschale und Zitronensaft zugeben, danach jedes Eigelb und das Ei einzeln unterrühren. Zum Schluß das gesiebte Mehl und die gemahlenen Mandeln unterarbeiten. Den Teig zugedeckt 2 Stunden kalt stellen.
2. Den Backofen auf 160° C vorheizen. Das Backblech mit Backpapier auslegen. Den Teig in vier gleiche Stücke teilen und zu Rollen formen. Die Rollen in je 10 Stücke schneiden, die Stücke zu Kugeln formen und auf das Backblech setzen.
3. Mit dem Holzlöffelstiel in jede Kugel eine Vertiefung drücken und etwas Johannisbeergelee hineingeben. Eigelb, Milch, Salz und Zucker miteinander verquirlen und die Plätzchen damit bestreichen.
4. In den heißen Backofen geben und so lange backen, bis sich die Husarenkrapferl mühelos vom Backpapier lösen. Gut ausgekühlt in Blechdosen aufbewahren.

Mozartkrapfen

Für den Teig:
250 g Mehl
100 g gemahlene Haselnüsse
100 g Zucker
1 Prise Salz
1 Ei (50 g)
100 g kalte Butter
Für die Füllung:
100 g weiche Butter
100 g Zucker
70 g gemahlene, geröstete Haselnüsse
1 EL Rum
Haselnußkerne

1. Das Mehl auf eine Arbeitsplatte sieben und mit den Nüssen vermischen. In die Mitte eine Mulde drücken und Zucker, Salz und Ei hineingeben. Die kalte Butter in kleine Stücke schneiden und auf den Mehlrand setzen.
2. Mit einem großen Messer erst alles rasch zerhacken, dann mit kalten Händen schnell zu einem glatten Teig verkneten. Mit Sichtfolie umhüllt etwa 30 Minuten in den Kühlschrank legen.
3. Den Backofen auf 180° C vorheizen. Den Teig auf einer bemehlten Arbeitsplatte etwa 3 mm dick ausrollen und runde Plätzchen im Durchmesser von 3 cm ausstechen. Auf ein mit Backpapier ausgelegtes Blech legen und im heißen Backofen in etwa 8–10 Minuten goldgelb backen.
4. Für die Füllung Butter und Zucker schaumig rühren und die Nüsse und den Rum untermischen. Zu einer glatten Creme verrühren.
5. Jeweils zwei abgekühlte Plätzchen mit der Creme zusammensetzen. Die restliche Creme in eine aus Pergament geformte Spritztüte füllen, einen Tupfen auf jedes Plätzchen spritzen und eine halbe Haselnuß hineindrücken.

Butterstangerl

Für den Teig:
280 g Mehl
1 Prise Salz
1 Msp Backpulver
2 Eigelb (40 g)
2 EL Sahne
2 EL Weißwein oder Most
280 g kalte Butter
Für den Guß:
2 Eiweiß (60 g)
150 g Puderzucker

1. Das Mehl auf eine Arbeitsplatte sieben, Salz und Backpulver untermischen und in die Mitte eine Mulde drücken. Eigelb, Sahne und Wein oder Most hineingeben. Die kalte Butter in kleine Stücke schneiden und auf den Mehlrand setzen.
2. Mit einem großen Messer erst alles rasch zerhacken, dann mit kalten Händen schnell zu einem glatten Teig verkneten. Mit Sichtfolie umhüllt etwa 30 Minuten in den Kühlschrank legen.
3. Für den Guß Eiweiß und Puderzucker zu cremigem Schnee schlagen.
4. Den Backofen auf 200° C Unterhitze vorheizen. Den Teig zu einem 1/2 cm dicken Rechteck ausrollen und gleichmäßig mit der Zuckerglasur bestreichen. Mit einem nassen Messer in 5 cm lange und 2 cm breite Streifen schneiden. Mit einer Palette auf ein mit Backpapier ausgelegtes Blech legen. Im heißen Backofen mit Unterhitze etwa 10 Minuten backen. Wer keine Unterhitze hat, schiebt zwei Backbleche über das Blech mit den Plätzchen.

ECKART WITZIGMANN

Jedes Jahr zu Weihnachten freue ich mich auf den verführerischen Plätzchenteller meines Freundes Günter Rochelt. Dies ist eine Kostprobe seiner unwiderstehlichen Plätzchen.

Orangen- und Rosinenplätzchen

Für die Orangenplätzchen:

375 g kalte Butter
200 g Puderzucker
abgeriebene Schale von
3 unbehandelten Orangen
1 Prise Salz
Mark von 1 Vanilleschote
2 cl Orangenlikör
50 g feingehacktes Orangeat
600 g Mehl
150 g geschälte, gemahlene Mandeln
1 Ei (50 g)

Außerdem:

200 g Zartbitterkuvertüre
250 g süße Orangenmarmelade
2 EL Grand Marnier

1. Butter mit Puderzucker, Orangenschale, Salz, Vanillemark, Orangenlikör und Orangeat glattkneten. Das gesiebte Mehl mit den Mandeln vermischen und mit der Butter zwischen den Händen wie bei der Herstellung von Streuseln verreiben.
2. Zum Schluß das Ei dazugeben und zu einem glatten Teig verkneten. Mit Sichtfolie umhüllen und 3 Stunden kühl stellen.
3. Backofen auf 160° C vorheizen, das Backblech mit Backpapier auslegen.
4. Den Teig auf einer bemehlten Arbeitsplatte 3 mm dick ausrollen. Mit einem Ausstecher runde Plätzchen mit einem Durchmesser von etwa 3 cm ausstechen und auf das Backblech legen. Im heißen Backofen in etwa 20 Minuten goldgelb backen.
5. Die Hälfte der Plätzchen halb in die geschmolzene Kuvertüre tauchen und diese trocknen lassen. Auf die übrigen Plätzchen die mit Grand Marnier verrührte Orangenkonfitüre streichen und die Schokoladenplätzchen daraufsetzen. Nach Wunsch die Plätzchen noch mit Stückchen kandierter Orangenschale verzieren.

Für die Rosinenplätzchen:

100 g Rosinen
4,5 cl Rum
25 g Marzipanrohmasse
100 g Butter
100 g Farinzucker
2 Eier (100 g)
150 g Mehl
2,5 g Backpulver

Außerdem:

100 g Aprikosenkonfitüre

1. Die Rosinen in 3 cl Rum einweichen. Das Marzipan mit der Butter und dem restlichen Rum glattkneten und mit dem Farinzucker weißschaumig aufschlagen. Dabei ein Ei nach dem anderen dazugeben und zum Schluß das gesiebte Mehl mit Backpulver unterkneten.
2. Den Backofen auf 200° C vorheizen. Das Backblech mit Backpapier auslegen. Den Teig mit dem Spritzbeutel und der 11er Lochtülle zu Plätzchen von 3 cm Durchmesser auf das Backblech dressieren. Dabei genügend Zwischenraum lassen, da die Plätzchen aufgehen.
3. Die Plätzchen mit jeweils 3 eingeweichten Rosinen belegen und auf der mittleren Schiene des Backofens 10–15 Minuten backen. Unterdessen die Aprikosenkonfitüre einmal aufkochen lassen. Die fertigen Plätzchen noch heiß mit der Konfitüre bepinseln und trocknen lassen.
4. Wer möchte, kann die fertigen, getrockneten Plätzchen noch mit Fondantglasur überziehen.

Der Plätzchenteller zeigt (von l. n. r.):
Macarons (siehe Seite 75)
Rosinenplätzchen (siehe oben)
Kokosbusserl (siehe Seite 70)
Orangenplätzchen (siehe oben)
und noch einmal Macarons.

Dotterlaiberl

Für den Teig:
10 Eigelb (200 g)
100 g Zucker
Mark von 1 Vanilleschote
150 g Mehl
Außerdem:
Butter und etwas Mehl für das Blech
1 Eigelb (20 g)
4–5 EL Aprikosenkonfitüre

1. Eigelb, Zucker und Vanillemark mit einem Handrührgerät schaumig schlagen und löffelweise das gesiebte Mehl unterrühren.
2. Den Backofen auf 190° C vorheizen. Das Backblech mit Butter ausfetten und mit Mehl bestäuben.
3. Die Masse in einen Spritzbeutel mit glatter Tülle füllen und kleine Häufchen auf das Blech dressieren. Mit verquirltem Eigelb bestreichen und auf der mittleren Schiene im heißen Backofen in etwa 10 Minuten goldgelb backen.
4. Die Aprikosenkonfitüre durch ein Sieb streichen und jeweils 2 Plätzchen damit zusammensetzen.

ECKART WITZIGMANN

Die Dotterlaiberl sind ein altes Tiroler Gebäck. Das Rezept stammt aus der Plätzchensammlung der Untersberger Stuben in Kitzbühel.

Schwarz-Weiß-Gebäck

Für den Teig:
250 g Mehl
100 g Zucker
3 Eigelb (60 g)
Mark von 1 Vanilleschote
150 g Butter
2 EL Kakaopulver
Außerdem:
etwas Eiweiß zum Bestreichen

1. Das Mehl auf eine Arbeitsplatte sieben und in die Mitte eine Mulde drücken. Den Zucker in diese Mulde streuen und Eigelb und Vanillemark, dazugeben. Die kalte Butter in Stücke schneiden und auf den Mehlrand setzen.
2. Mit einem großen Messer erst alles rasch zerhacken, dann mit kalten Händen schnell zu einem glatten Teig verkneten. Den Teig halbieren und in eine Hälfte den Kakao einarbeiten.
3. Jedes Teigstück mit Sichtfolie umhüllen und 1 Stunde in den Kühlschrank legen.
4. Ein Drittel des hellen Teiges zu einem dünnen Rechteck ausrollen und mit etwas Eiweiß bestreichen. Die restlichen beiden Teigstücke zu einem knapp 1 cm dicken Rechteck ausrollen und in 1 cm breite Streifen schneiden. Jeden Streifen mit Eiweiß bestreichen und die Hälfte davon abwechselnd der Länge nach auf die weiße Teigplatte legen. Die restlichen Streifen abwechselnd schachbrettartig darüber verteilen. Mit der weißen Teigplatte umhüllen, die Ränder gut festdrücken und erneut mindestens 1 Stunde kalt stellen.
5. Den Backofen auf 200° C vorheizen. Den Teigblock in 1/2 cm breite Scheiben schneiden und auf ein mit Backpapier ausgelegtes Backblech legen. Im heißen Backofen in etwa 12–15 Minuten hellgelb backen.
Man kann das Schwarz-Weiß-Gebäck aber auch so zubereiten: Den hellen und den dunklen Teig zu dünnen Rechtecken ausrollen. Die helle Teigplatte mit Eiweiß bestreichen, die dunkle darauflegen, eng zusammenrollen und in Scheiben schneiden.
Eine andere Möglichkeit ist, die beiden übereinandergelegten Teigplatten von beiden Seiten zur Mitte hin zusammenzurollen und in 1/2 cm dicke Scheiben zu schneiden.

Nußzungen

Für die Hippenmasse:

75 g Butter

5 Eiweiß (150 g)

150 g Zucker

70 g geschälte, gemahlene Mandeln

75 g gemahlene Haselnüsse

abgeriebene Schale von

2 unbehandelten Zitronen

Mark von 1 Vanilleschote

20 g Mehl

Für die Füllung:

125 g Zartbitterkuvertüre

75 g Vollmilchkuvertüre

75 ml Sahne

80 g Nougat

50 g weiche Butter

Außerdem:

Haselnußkerne zum Verzieren

1. Die Butter schmelzen und abkühlen lassen. Den Backofen auf 160° C vorheizen, das Backblech mit Backpapier auslegen. Eiweiß und Zucker cremig aufschlagen. Gemahlene Mandeln, Haselnüsse, Zitronenschale, Vanillemark und Mehl vermischen und löffelweise unter den Eischnee heben. Zum Schluß die flüssige Butter unterziehen.
2. Mit Hilfe einer Schablone die Masse zungenförmig auf das Backpapier aufstreichen. 15 Minuten auf der mittleren Schiene des Backofens backen. Falls nötig, noch 5 Minuten bei offener Ofentür nachtrocknen lassen.
3. Für die Füllung die beiden Kuvertüren hacken. Die Sahne aufkochen lassen und die Kuvertüre darin auflösen. In eine Schüssel umfüllen, die Nougatmasse unterrühren und abkühlen lassen. Zum Schluß die Butter unterrühren und mit dem Handrührgerät aufschlagen, bis die Canachemasse deutlich an Volumen gewonnen hat und heller geworden ist.
4. Jeweils drei Nußzungen mit Sahnecanache zusammensetzen. Obenauf einen Tupfen Creme spritzen und eine Haselnuß darauf setzen.

Katzenzungen

Für die Hippenmasse:

150 g Butter

250 g Puderzucker

6 Eiweiß (180 g)

200 g Mehl

Mark von 1 Vanilleschote

1 Prise Salz

Außerdem:

Butter und Mehl für das Blech

1. Butter und Puderzucker mit dem Schneebesen cremig rühren.
2. Nach und nach erst das Eiweiß, dann das gesiebte Mehl dazugeben und zu einer glatten Masse verrühren. Zum Schluß das Vanillemark und das Salz einarbeiten.
3. Den Backofen auf 175° C vorheizen. Ein Backblech mit Butter ausfetten und mit Mehl bestäuben.
4. Die Hippenmasse in einen Spritzbeutel mit 5er Lochtülle füllen und etwa 4 cm lange Stäbchen auf das Blech spritzen. Auf der mittleren Schiene des heißen Backofens hellgelb backen. Dann das Blech aus dem Backofen nehmen und leicht abkühlen lassen. Erneut in den heißen Backofen stellen und so lange backen, bis die Katzenzungen goldbraun sind.
5. Das Blech aus dem Backofen nehmen. Das Gebäck kurz abkühlen lassen, dann mit einer Palette vom Blech lösen und abgekühlt in einer Blechdose aufbewahren.

ECKART WITZIGMANN

Hippengebäck ist besonders zart und knusprig. Hippen schmecken nicht nur als Weihnachtsplätzchen, sie sind auch eine herrliche Beigabe zu den verschiedensten Creme- oder Eisdesserts. Ungebackene Hippenmasse kann man im Gefrierbeutel verpackt bis zu vier Wochen im Kühlschrank aufbewahren.

Orangenhippen

Für die Hippenmasse:

6 unbehandelte Orangen

600 g Zucker

225 g geschälte, gemahlene Mandeln

225 g Mehl

225 g Butter

Außerdem:

Keimöl für das Blech

1. Orangen waschen, abtrocknen und die Schalen fein abreiben. In eine Schüssel geben. Die Früchte halbieren, den Saft auspressen und durch ein Sieb gießen. Zucker, Mandeln und gesiebtes Mehl vermischen und mit dem Orangensaft verrühren. Zum Schluß die Butter zerlassen und abgekühlt unter die Masse rühren. Zugedeckt über Nacht in den Kühlschrank stellen.
2. Am nächsten Tag den Backofen auf 180°–190° C vorheizen. Eine Schablone, z. B. ein ovales Blatt, am besten aus dickerem Kunststoff, zurechtschneiden. Das Backblech leicht ölen und mit Hilfe der Schablone den Teig auf das Blech streichen.
3. Das Blech auf die mittlere Schiene des Backofens schieben und die Hippen hellgelb backen. Dann das Blech aus dem Backofen nehmen und leicht abkühlen lassen. Erneut in den heißen Backofen stellen und so lange backen, bis die Hippen goldbraun sind.
4. Das Blech aus dem Backofen nehmen. Das Gebäck kurz abkühlen lassen, dann mit einem Spachtel vom Blech lösen und in die gewünschte Form biegen.
5. Abkühlen lassen und in Blechdosen aufbewahren.

Kokoshippen

Für die Hippenmasse:

- *375 g Zucker*
- *175 g Kokosflocken*
- *75 g Mehl*
- *2 Eier (100 g)*
- *6 Eiweiß (180 g)*

1. Zucker, Kokosflocken und Mehl miteinander vermischen.
2. Eier und Eiweiß mit einem Schneebesen leicht schaumig schlagen und nach und nach die Mehlmischung löffelweise unterrühren. Es muß eine geschmeidige Masse entstehen.
3. Den Backofen auf 170°–180° C vorheizen. Eine Schablone, z. B. ein ovales Blatt, am besten aus dickerem Kunststoff, zurechtschneiden. Das Backblech leicht ölen und mit Hilfe der Schablone den Teig auf das Blech streichen.
4. Das Blech auf die mittlere Schiene des Backofens schieben und die Hippen bei leicht geöffneter Backofentür so lange backen, bis die Hippen goldbraun sind.
5. Das Gebäck kurz abkühlen lassen, dann mit einem Spachtel vom Blech lösen und in die gewünschte Form biegen.

ECKART WITZIGMANN

Der Konditor hat natürlich fertige Kunststoffschablonen, die er auf das Blech legt, um die Hippen in ansprechende Formen zu bringen. Im Haushalt eignen sich zum Herstellen von Schablonen, z. B. nicht mehr benötigte Deckel von Plastikdosen.

Marzipanhippen

Für die Hippenmasse:

- *75 g Mehl*
- *125 g Puderzucker*
- *225 g Marzipanrohmasse*
- *1 1/2 Eiweiß (45 g)*
- *2 EL Milch*
- *je 1 Msp gemahlener Zimt*
- *1 Prise Salz*

Außerdem:

- *Butter und Mehl für das Blech*

1. Mehl und Puderzucker vermischen und sieben. Marzipan zerbröseln und mit der Mehlmischung zu einer glatten Masse verarbeiten. Mit den Knethaken eines Handrührgerätes nach und nach das Eiweiß und zum Schluß Milch, Zimt und Salz dazugeben. Falls die Masse ein wenig bröckelig ist, durch ein Sieb streichen. Sollte die Masse etwas fest sein, noch etwas Eiweiß oder Milch hinzufügen.
2. Eine Schablone, z. B. eine 4 mal 4 cm große Raute, am besten aus dickerem Kunststoff, zurechtschneiden. Das Backblech mit Butter fetten und mit Mehl bestäuben.
3. Mit Hilfe der Schablone den Teig auf das Blech streichen und auf die mittlere Schiene des Backofens schieben. Die Hippen hellgelb backen. Dann das Blech herausnehmen und leicht abkühlen lassen. Erneut in den heißen Backofen stellen und so lange backen, bis die Hippen goldbraun sind.
4. Das Blech aus dem Backofen nehmen. Das Gebäck kurz abkühlen lassen und dann mit einer Palette vom Blech lösen und nach Wunsch in Form biegen.
5. Wer möchte, kann die Hippen mit flüssiger Kuvertüre in hauchdünnen Streifen verzieren.

Teeblätter

Für die Hippenmasse:

- *120 g Puderzucker*
- *100 g Butter*
- *3 EL Milch*
- *4 cl Glukose (Apotheke)*
- *120 g geschälte, gemahlene Mandeln*
- *Butter und Mehl für das Blech*

1. Puderzucker, Butter, Milch und Glukose in einen Topf geben und unter Rühren mit dem Schneebesen auf etwa 50° C erwärmen. Vorsicht, diese Mischung darf nicht kochen! Dann in eine Schüssel umfüllen und die gemahlenen Mandeln einrühren. Die Masse zugedeckt im Kühlschrank über Nacht ruhen lassen.
2. Am nächsten Tag den Backofen auf 220° C vorheizen. Das Backblech mit Butter einfetten und leicht mit Mehl bestäuben oder Backpapier auflegen.
3. Ovale Schablonen von 5 cm Durchmesser und 8 cm Länge vorbereiten und die Teigmasse mit Hilfe einer Palette und den Schablonen auf das Blech streichen. Bei leicht geöffneter Backofentür so lange backen, bis die Teeblätter etwas Farbe angenommen haben. Dann das Blech aus dem Backofen nehmen und leicht abkühlen lassen. Erneut in den heißen Backofen stellen und so lange backen, bis die Teeblätter goldbraun sind.
4. Das Blech aus dem Backofen nehmen. Das Gebäck kurz abkühlen lassen, dann mit einer Palette vom Blech lösen.
5. Die Teeblätter, wenn möglich, auf ein Wellblech einlegen oder über einen Holzstiel legen, damit sie sich biegen. In einer Blechdose aufbewahrt, bleiben sie lange knusprig.
Übrigens: Teeblätter schmecken nicht nur zur Weihnachtszeit.

Lebkuchenteig

Für den Teig:
350 g Honig
280 g Zucker
2 EL Wasser
560 g Mehl (Type 550)
15 g Lebkuchengewürz
75 g Orangeat
75 g Zitronat
200 g Mandeln
6 g Ammonium
1–2 EL Milch
2 g Pottasche
etwas Eiweiß

1. Honig, Zucker und Wasser über einem Wasserbad unter Rühren mit einem Kochlöffel erwärmen, bis sich die Zuckerkristalle aufgelöst haben. Auf Körpertemperatur abkühlen lassen. Dann das Mehl sowie das Lebkuchengewürz dazugeben und zu einem glatten Teig verkneten.
2. Orangeat und Zitronat durch den Fleischwolf drehen oder mit einem großen Messer fein wiegen. Mit den Mandeln in den Teig einarbeiten.
3. Das Ammonium in etwas Milch, die Pottasche in wenig Eiweiß auflösen. Erst das Ammonium, dann die aufgelöste Pottasche gleichmäßig unter den Teig kneten.
4. Den Backofen auf 180° C vorheizen. Das Backblech mit Backpapier auslegen. Den Teig 3–4 mm dick ausrollen und mit einem Ausstecher runde oder rechteckige Lebkuchen oder mit Hilfe von selbstgefertigten Schablonen Figuren ausstechen und aufs Backblech legen.
5. Im heißen Backofen in etwa 20 Minuten backen und abgekühlt beliebig verzieren.

Honig, Zucker und Wasser in eine Schüssel geben und über einem leicht siedenden Wasserbad so lange unter Rühren erwärmen, bis sich die Zuckerkristalle auflösen.

Von der Kochplatte nehmen und unter weiterem Rühren erkalten lassen. Dann nach und nach das Mehl erst unterrühren und zum Schluß unterkneten.

Orangeat und Zitronat durch den Fleischwolf drehen oder mit einem Wiegemesser fein wiegen. Die Mandeln grob hacken und alles gleichmäßig unter den Teig kneten.

Ammonium mit etwas Milch, die Pottasche mit etwas Eiweiß verrühren. Erst das Ammonium, dann die Pottasche in den Teig einarbeiten.

Den Teig auf einer bemehlten Arbeitsplatte 3–4 mm dick ausrollen und entweder runde oder rechteckige Lebkuchen oder andere Formen ausstechen.

Im heißen Backofen bei 180° C in etwa 18–20 Minuten backen. Anschließend entweder mit Zuckerguß oder Kuvertüre überziehen und beliebig verzieren.

Hexenhaus

Mit einem Hexenhaus kann man Kinder jedes Jahr aufs neue begeistern. Der Phantasie sind beim Verzieren keine Grenzen gesetzt. Wichtig ist: Schön bunt muß es sein.

Für den Lebkuchenteig:
700 g Honig
200 g Zucker
200 g Butter
2 Eier (100 g)
abgeriebene Schale von
1 unbehandelten Zitrone
2 EL Kakaopulver
2 Päckchen Lebkuchengewürz
10 g Ammonium
3–4 EL Milch
4 g Pottasche
etwas Eiweiß
1 kg Mehl
Für den Zuckerguß:
2 Eiweiß (60 g)
300 g Puderzucker
6 Tropfen Zitronensäure
Mark von 1 Vanilleschote
Außerdem:
Puderzucker zum Bestäuben
bunte Süßigkeiten (siehe Foto)

ECKART WITZIGMANN

Lebkuchen haben eine jahrhundertealte Tradition. Die frühesten Rezepte von Honigkuchen, damals Lebzelten genannt, stammen aus dem 11. Jahrhundert aus dem Kloster Tegernsee.

1. Honig, Zucker und Butter über einem leicht siedenden Wasserbad unter Rühren erwärmen, bis sich der Zucker völlig aufgelöst hat. Auf Körpertemperatur abkühlen lassen.
2. Eier, Zitronenschale, Kakao und die Gewürzmischung in den Teig einarbeiten. Zusammen mit dem Mehl unter die Honigmasse geben. Das Ammonium in etwas Milch, die Pottasche in wenig Eiweiß auflösen. Erst das Ammonium, dann die aufgelöste Pottasche gleichmäßig unter den Teig kneten.
3. Teig in Folie verpackt 24 Stunden bei Zimmertemperatur ruhen lassen.
4. Den Backofen auf 180° C vorheizen. Den Teig kurz durchkneten und auf einer bemehlten Arbeitsfläche 1–2 mm dick ausrollen. Schablonen für das Haus in Pappe zurechtschneiden und zur Probe einmal zusammensetzen, um zu prüfen, ob die Teile auch wirklich passen. Man benötigt eine Bodenplatte, 2 Giebel und 2 Dachflächen. Alles aus dem ausgerollten Lebkuchenteig ausschneiden und aus den Resten Gartenzaun, Türen und Fensterläden formen. Im heißen Backofen etwa 10–15 Minuten backen.
5. Währenddessen für die Glasur das Eiweiß leicht schaumig schlagen, dabei den gesiebten Puderzucker dazugeben und zu cremigem Schnee schlagen. Zitronensäure und Vanillemark untermischen.
6. Die gebackenen Bauteile abkühlen lassen, dann mit Zuckerguß zusammensetzen. Rote Blattgelatine als Fensterscheiben einsetzen. Nach dem nebenstehenden Foto oder nach eigener Phantasie dekorieren und schmücken.

Welche Wirkung haben Pottasche und Ammonium?

- Pottasche ist das Triebmittel für die Breite, also wenn Gebäck sich in die Breite entfalten soll.
- Ammonium hingegen ist das Triebmittel für die Höhe, also wenn Gebäck aufgehen soll.
- Triebmittel kann man nicht einfach so in den Lebkuchenteig geben, man muß sie vorher auflösen.
- Pottasche löst sich am besten in Eiweiß auf. In Wasser aufgelöst, verflüchtigt sich die Wirkung.
- Ammonium löst man am besten in Milch oder in Wasser auf.
- Pottasche reagiert auf Säure – deshalb muß der Lebkuchenteig auch genug Zeit haben zum Quellen, denn dadurch beginnt das Mehl im Teig zu gären (es bildet sich eine Säure), dann erst tritt die Wirkung der Pottasche richtig in Aktion. Früher wurden Lebkuchenteige schon im Frühjahr angesetzt, um sie dann im Spätsommer zu backen. Heute fügt man häufig Sauerteig dem Lebkuchenteig zu, damit dieser Vorgang beschleunigt wird.

Wichtig:

Beide Triebmittel nur unter den handwarm abgekühlten Teig geben, denn Hitze macht ihre Wirkung zunichte.

Basler Leckerli

Für den Teig:
350 g Honig
280 g Zucker
2 EL Wasser
560 g Weizenmehl (Type 550)
15 g Lebkuchengewürz
75 g Orangeat
75 g Zitronat
200 g grob gehackte Mandeln
6 g Ammonium
2 g Pottasche
Für die Fadenglasur:
500 g Zucker
200 ml Wasser
Mark von 1/2 Vanilleschote

1. Honig, Zucker und Wasser in einen Topf geben und so lange unter Rühren mit einem Kochlöffel erwärmen, bis sich die Zuckerkristalle aufgelöst haben. Abkühlen lassen, dann das Mehl sowie das Lebkuchengewürz dazugeben und zu einem Teig verkneten.
2. Orangeat und Zitronat durch den Fleischwolf drehen und mit den Mandeln unter den Teig kneten.
3. Ammonium in etwas Milch, die Pottasche in wenig Eiweiß auflösen. Erst das Ammonium gut unter den Teig kneten, dann die aufgelöste Pottasche.
4. Den Backofen auf 180° C vorheizen. Den Teig 6 mm dick auf die Größe eines Backbleches (36 mal 45 cm) ausrollen. Das Backblech mit Backpapier auslegen und mit dem Teig belegen.
5. Die Teigplatte mehrmals mit einer Gabel einstechen, damit der sich bildende Sauerstoff entweichen kann und die Oberfläche der Teigplatte glatt bleibt. Im heißen Backofen etwa 20 Minuten backen.
6. Für die Fadenglasur Zucker und Wasser erhitzen, bis die Mischung 105° C erreicht hat. Das Vanillemark unter die Zuckerglasur rühren und mit einem Pinsel die noch heiße Lebkuchenplatte bestreichen. Abkühlen und die Glasur fest werden lassen.
7. Die Lebkuchenplatte in kleine Rechtecke schneiden und vor dem Verzehr mindestens acht Tage in einer Blechdose aufbewahren, damit sich die feinen Gewürzaromen voll entfalten können und das Gebäck weich wird.

ECKART WITZIGMANN

Es gibt einen Trick, wie Hobbybäcker ohne Thermometer die richtige Konsistenz für die Fadenglasur prüfen können: Einen Holzkochlöffel in den Sirup tauchen, mit dem kalt abgespülten Zeigefinger darauftupfen und mit dem Daumen dagegendrücken. Wenn sich beim Auseinanderziehen ein schwacher Faden bildet, ist die Glasur optimal.

Nußlebkuchen

Für den Teig:
150 g Marzipanrohmasse
200 g Zucker
4 Eiweiß von großen Eiern (140 g)
20 g Glukose
1 g Ammonium
1 EL Wasser
30 g Orangeat
20 g Zitronat
110 g geriebene Haselnüsse
70 g Mehl
rechteckige Oblaten
geschälte Mandeln oder Belegkirschen

1. Das Marzipan in einer Schüssel zerbröseln. Den Zucker dazugeben und beides zwischen den Händen zerreiben, dann das Eiweiß nach und nach hinzufügen und mit dem Kochlöffel glattrühren. Die Mischung über ein leicht siedendes Wasserbad stellen und mit einem Schneebesen aufschlagen. Die Masse sollte 45° C heiß werden. Wenn möglich mit einem Thermometer überprüfen.

2. Die Schüssel herausnehmen und die Masse mit einem elektrischen Handrührgerät kalt schlagen. Zum Schluß das in etwas Wasser aufgelöste Ammonium unterrühren.

3. Orangeat und Zitronat mit einem Wiegemesser fein hacken, die geriebenen Haselnüsse in einer Pfanne trocken rösten und abkühlen lassen. Alles mit dem Mehl vermischen und mit einem Kochlöffel gleichmäßig unter die Schaummasse rühren.

4. Am besten mit einem breiteren Messer etwa 1/2 cm dick auf die Oblaten (7,5 mal 11 cm) streichen. Pro Oblate rechnet man 50 g Lebkuchenmasse.

5. Die bestrichenen Lebkuchen nebeneinander auf ein Blech legen. Mit Mandeln beliebig verzieren und gut antrocknen lassen.

6. Den Backofen auf 180° C vorheizen. Die Lebkuchen im heißen Backofen etwa 15 Minuten backen.

7. Herausnehmen und noch heiß mit der Fadenglasur (siehe nebenstehendes Rezept) oder mit Vollmilchkuvertüre überziehen.

ECKART WITZIGMANN

Im Unterschied zu dem vorhergehenden Lebkuchenrezept ist dies kein Lebkuchenteig, sondern eine Lebkuchenmasse. Auf die gleiche Weise werden Elisenlebkuchen hergestellt (siehe Seite 67), allerdings wird die Masse dann auf runde Oblaten gestrichen.

Liegnitzer Bomben

Liegnitz ist die Hauptstadt eines der vier schlesischen Fürstentümer, auf die Friedrich der Große Erbansprüche geltend machte, was schließlich zum Schlesischen Krieg führte. Die Bezeichnung Bomben leitet sich aber nicht von diesem Krieg ab, sondern von der Form. Im Originalrezept hat das Gebäck eine Höhe von etwa 10 cm und einen Durchmesser von etwa 8–12 cm.

Für die Füllung:

125 g Sultaninen
125 g getrocknete Feigen
40 g Orangeat
30 g Zitronat
75 g gehackte Mandeln
2 EL Wasser
2 EL Rum
180 g Marzipanrohmasse
20 g Puderzucker
1 Eiweiß (20 g)
2 EL Kirschwasser
250 g Pflaumenmus

Für den Teig:

200 g Honig
225 g Weizenmehl (Type 550)
75 g Roggenmehl
3 cl Rum
6 g Lebkuchengewürz
9 g Backpulver
2 g Pottasche
etwas Eiweiß

Außerdem:

150 g Zartbitterkuvertüre
25 g gehackte Pistazien oder fertig gekaufte Schoko-Ornamente

1. Am Vortag für die Füllung Sultaninen, Feigen, Orangeat, Zitronat und Mandeln fein hacken, in eine Schüssel geben, mit Wasser und Rum begießen und zugedeckt 24 Stunden marinieren.
2. Für den Lebkuchenteig den Honig auf 80° C erwärmen, dann auf Handwärme abkühlen lassen und mit den beiden Mehlsorten, Rum, Lebkuchengewürz und Backpulver verkneten. Die Pottasche in wenig Eiweiß anrühren und zum Schluß sorgfältig in den Teig einarbeiten. Den Teig auf einer leicht bemehlten Arbeitsfläche etwa 3 mm dick ausrollen.
3. Für die Füllung Marzipan und Puderzucker zwischen den Fingern zerbröseln. Eiweiß und Kirschwasser zugeben und mit der Marzipanmasse verrühren, bis eine streichfähige Creme entsteht. Den Backofen auf 180° C vorheizen.
4. Die Marzipanmasse gleichmäßig auf den ausgerollten Teig streichen. Das Pflaumenmus gleichmäßig darüber verteilen und mit einer Palette glattstreichen. Die eingeweichten Früchte darauf verteilen und aufrollen.
5. Die Rolle in etwa 1 cm dicke Scheiben schneiden und in ca. 3 cm hohe, gefettete Ringe mit einem Durchmesser von 5 cm setzen. Mit einer Oblate darunter auf ein Backblech legen und etwa 20–30 Minuten backen.
6. Nach dem Backen stürzen und in der Form abkühlen lassen.
7. Die Kuvertüre auflösen, abkühlen lassen und wieder erwärmen. Das Gebäck damit überziehen und mit gehackten Pistazien oder Schokoladenornamenten verzieren.

Schokoladenlebkuchen

Für den Teig:

4 Eigelb (80 g)
250 g Zucker
50 g Zitronat
30 g Orangeat
100 g Zartbitterschokolade
140 g gemahlene Haselnüsse
140 g Mandelstifte
150 g Mehl
1/2 TL gemahlener Zimt
1 Msp gemahlene Gewürznelken
4 Eiweiß (120 g)

Außerdem:

große, runde Oblaten

1. Eigelb und Zucker mit einem Schneebesen zu einer dickschaumigen Masse aufschlagen.
2. Zitronat und Orangeat mit einem Wiegemesser sehr fein hacken. Die Schokolade über einem Wasserbad zerlassen und abkühlen lassen.
3. Haselnüsse, Mandelstifte, kandierte Früchte und die zerlassene Schokolade unter die Schaummasse rühren. Das Mehl mit den Gewürzen vermischen und löffelweise untermischen. Eiweiß zu steifem Schnee schlagen und locker und gleichmäßig unterheben.
4. Den Backofen auf 180° C vorheizen. Die Masse mit einem breiten Messer fingerdick auf die Oblaten streichen und auf ein Backblech legen. Im heißen Backofen etwa 20 Minuten backen.
5. Wer möchte, kann die Schokoladenlebkuchen mit Fadenglasur (siehe Seite 62) oder mit Kuvertüre überziehen. Man kann die Lebkuchen aber auch vor dem Backen mit halbierten Mandeln belegen.

Aachener Printen

Für den Teig:
250 g Honig
75 g Zucker
5 g Wasser
1 Prise Salz
170 g Weizenmehl (Type 550)
170 g Roggenmehl
35 g Pottasche
2 Eier (100 g)
1 Eigelb (20 g)
35 g Ammonium
50 ml Milch
1 Msp gemahlener Zimt
1 Msp gemahlenes Kardamom
1/2 TL Lebkuchengewürz
Mark von 1/2 Vanilleschote
abgeriebene Schale von
1/2 unbehandelten Zitrone
100 g feingeriebene, leicht geröstete
Haselnüsse
100 g gehacktes Orangeat
500 g feiner Kandiszucker
Außerdem:
200 g Zartbitterkuvertüre

1. Honig, Zucker, Wasser, Salz in einer Schüssel vermischen und über einem Wasserbad so lange rühren, bis sich die Zuckerkristalle aufgelöst haben. Über einer Schüssel mit eiskaltem Wasser unter weiterem Rühren abkühlen lassen.
2. Löffelweise die Mehle unterkneten.
3. Die Pottasche mit den Eiern verschlagen. Ammonium in lauwarmer Milch auflösen.
4. Die Gewürze mit der Zitronenschale, den Nüssen, Orangeat und Kandis vermischen. Zuerst die Pottasche unter den Grundteig kneten, dann die restlichen Zutaten mit dem aufgelösten Ammonium darunter kneten. Den fertigen Teig 1 Stunde im Kühlschrank ruhen lassen.
5. Den Backofen auf 200° C vorheizen. Den Teig auf einer bemehlten Arbeitsplatte 4 mm dick ausrollen und in Rechtecke von 3 mal 6 cm schneiden. Auf ein mit Backpapier ausgelegtes Backblech legen und mit Milch bestreichen. Im heißen Backofen in 15–20 Minuten knusprig backen.
6. Die gebackenen Printen vom Blech lösen und im Kühlschrank aufbewahren, dabei fünf Tage lang jeden Tag mit etwas Wasser bepinseln, damit sie weich werden.
7. Anschließend mit aufgelöster Kuvertüre überziehen.

St. Gallener Biberle

Für den Lebkuchenteig:
500 g Honig
100 g Zucker
4 cl Wasser
350 g Weizenmehl (Type 550)
350 g Roggenmehl
1 Eigelb (20 g)
20 g Lebkuchengewürz
4 g Pottasche
etwas Eiweiß
7 g Hirschhornsalz
75 ml Milch
Für die Füllung:
1 kg Marzipanrohmasse
250 g Puderzucker
100 ml Zitronensaft
abgeriebene Schale von
4 unbehandelten Zitronen
20 g Gummiarabikum (Apotheke)
100 ml Wasser
1 Prise Zucker

1. Honig, Zucker und Wasser in einen Topf geben und so lange unter Rühren mit einem Kochlöffel erwärmen, bis sich die Zuckerkristalle aufgelöst haben. Abkühlen lassen, dann die Mehle sowie das Lebkuchengewürz dazugeben und zu einem Teig verkneten.
2. Pottasche in Eiweiß, Hirschhornsalz in Milch auflösen. Beides getrennt unter den Teig kneten. Sollte der Teig zu weich sein, noch etwas Weizenmehl hinzufügen.
3. Den Teig 3,5 mm dick ausrollen und in Streifen von 8 mal 45 cm schneiden.
4. Für die Füllung Marzipan mit Puderzucker, Zitronensaft und Zitronenschale zu einer glatten Masse verkneten und zu 150 g schweren, 45 cm langen Rollen formen. Auf die Lebkuchenstreifen legen, mit dem Teig einschlagen und auf eine Länge von 60 cm ausrollen. Mindestens 1 Stunde kalt stellen.
5. Den Backofen auf 200° C vorheizen. Die Teigstreifen in trapezförmige Stücke schneiden, die an einer Seite 5,5 cm breit und auf der entgegengesetzten Seite 1 cm breit sind. Auf ein mit Backpapier ausgelegtes Backblech legen und im heißen Backofen, am besten mit Oberhitze, 15–20 Minuten backen.
6. Gummiarabikum mit Wasser und Zucker verrühren, einmal aufkochen lassen und die heißen Biberle damit bestreichen.

Spitzkuchen

Für den Lebkuchenteig:

- *625 g Honig*
- *475 g Weizenmehl (Type 550)*
- *150 g Roggenmehl*
- *5 g Hirschhornsalz*
- *etwas Wasser*
- *1 g Pottasche*
- *etwas Eiweiß*
- *250 g Sultaninen*
- *150 g Orangeat*
- *4 cl Rum*
- *100 g gehackte, geröstete Mandeln*
- *10 g Lebkuchengewürz*
- *300 g Zartbitterkuvertüre*

1. Honig in einem Topf erwärmen, dann abkühlen lassen. Dann das Mehl dazugeben und zu einem glatten Teig verkneten.
2. Hirschhornsalz in etwas Wasser, die Pottasche in wenig Eiweiß auflösen. Erst das Hirschhornsalz gut unter den Teig kneten, dann die aufgelöste Pottasche.
3. Die Rosinen fein hacken, das Orangeat durch den Fleischwolf drehen und mit Rum, gehackten Mandeln und Lebkuchengewürz unter den Teig kneten. Den Backofen auf 200° C vorheizen.
4. Den Teig zu daumendicken Rollen formen und auf das mit Backpapier ausgelegte Backblech legen. Im heißen Backofen etwa 20 Minuten backen.
5. Die gebackenen Teigstränge zugedeckt bei möglichst hoher Luftfeuchtigkeit etwa zwei Tage ruhen lassen.
6. Dann mit einem Messer in trapezförmige, mundgerechte Stücke schneiden.
7. Die Kuvertüre auflösen und die Spitzkuchen darin eintauchen. Auf einem Kuchengitter abtropfen lassen. Nach dem Erstarren mit der restlichen flüssigen Kuvertüre überspinnen.

ECKART WITZIGMANN

Die Spitzkuchen sollen wie alle anderen Honigkuchen- oder Lebkuchengebäcke rechtzeitig gebacken werden, damit sie bis zum Weihnachtsfest weich und richtig aromatisch sind.

Elisenlebkuchen

Für die Lebkuchenmasse:

- *50 g gemahlene Haselnüsse*
- *50 g geschälte, gemahlene Mandeln*
- *300 g Zucker*
- *250 g Marzipanrohmasse*
- *6 1/2 Eiweiß (190 g)*
- *1 Prise Salz*
- *50 g Orangeat*
- *50 g Zitronat*
- *60 g Mehl*
- *4–5 g Lebkuchengewürz*
- *2 g Ammonium*
- *Backoblaten (5 cm Durchmesser)*

1. Nüsse, Mandeln und 200 g Zucker vermischen. Marzipan zerbröseln und mit 90 g Eiweiß verrühren. Dann mit der Nuß-Zucker-Mischung zu einem glatten Teig verarbeiten.
2. Das restliche Eiweiß mit dem restlichen Zucker und dem Salz zu cremigem und kompaktem Schnee schlagen.
3. Orangeat und Zitronat mit einem Wiegemesser fein hacken. Mehl und Lebkuchengewürz vermischen. Ammonium mit etwas Milch verrühren.
4. Ein Drittel des Eischnees unter die vorbereitete Marzipanmasse rühren. Orangeat und Zitronat, die Mehlmischung sowie das angerührte Ammonium hinzufügen und zum Schluß den restlichen Eischnee gleichmäßig unterziehen.
5. Die Masse in einen Spritzbeutel mit großer Lochtülle füllen und auf die Oblaten spritzen, dabei rundherum einen schmalen Rand belassen. Über Nacht in einem trockenen, nicht zu kalten Raum stehen lassen.
6. Am nächsten Tag den Backofen auf 170° C vorheizen. Die Elisenlebkuchen im heißen Backofen etwa 20 Minuten backen.
7. Entweder die noch warmen Lebkuchen mit einer Fadenglasur (siehe Seite 62) oder abgekühlt mit einer aufgelösten Vollmilch- oder Zartbitterkuvertüre überziehen.

ECKART WITZIGMANN

Anstelle der fertigen Lebkuchengewürzmischung zerstößt man für das Originalrezept 20 g Zimt, 3 g Gewürznelken, 2 g Kardamom, 3 g Piment und das Mark von 1/2 Vanilleschote fein im Mörser.

Makronen- und Baisermasse

Für die Makronenmasse:
250 g Marzipanrohmasse
225 g Zucker
3 Eiweiß (90 g)
Mark von 1/2 Vanilleschote
1 Msp gemahlener Zimt
abgeriebene Schale von
1/4 unbehandelten Zitrone
Für die Baisermasse:
1 Eiweiß (30 g)
30 g Zucker
30 g Puderzucker
1 TL Speisestärke (z. B. Mondamin)
Vanille-, Zitronen- oder andere
Aromastoffe nach Geschmack

1. Für die Makronenmasse Marzipan und Zucker verrühren. Eiweiß und Gewürze dazugeben und rühren, bis eine glatte Creme entstanden ist.
2. Die Schüssel über einem Wasserbad unter Rühren auf ca. 70–80° C erhitzen. Herausnehmen und abkühlen lassen.
3. In einen Spritzbeutel mit Lochtülle füllen und beliebige Formen auf ein mit Backpapier ausgelegtes Blech spritzen. Im 170° C heißen Backofen 12–15 Minuten fertig backen.
1. Für die Baisermasse das Eiweiß mit dem Handrührgerät oder in einer Küchenmaschine zu stei-fem Schnee schlagen, dabei den Zucker langsam einrieseln lassen.
2. Sobald der Schnee schnittfest und glänzend ist, gesiebten Puderzucker und Speisestärke unterziehen.
3. In einen Spritzbeutel füllen und beliebige Formen auf ein Backblech spritzen. Bei 120° C, je nach Größe, 2–3 Stunden trocknen lassen.

Für die Makronenmasse das Marzipan mit Zucker verrühren und nach und nach Eiweiß und Gewürze dazugeben. Weiterrühren, bis sich alle Zutaten verbunden haben und eine glatte Creme entstanden ist.

Die Makronenmasse über einem leicht siedenden Wasserbad unter ständigem Rühren auf 70–80° C erhitzen. Wieder herausnehmen und unter Rühren auf 40° C abkühlen lassen.

Die Masse in einen Spritzbeutel mit 8er Lochtülle füllen und Torteletts auf das mit Backpapier ausgelegte Blech spritzen. Im 170° C heißen Backofen in 12–15 Minuten goldgelb backen.

Für die Baisermasse das Eiweiß mit einem Handrührgerät oder einer Küchenmaschine steif schlagen. Langsam den Zucker einrieseln lassen und so lange weiterschlagen, bis die Masse schnittfest und glänzend ist.

Den gesiebten Puderzucker und die Speisestärke, z. B. Mondamin, dazugeben und locker und gleichmäßig unterziehen. Die Baisermasse muß cremig und kompakt sein. Dann die gewünschten Aromen dazugeben.

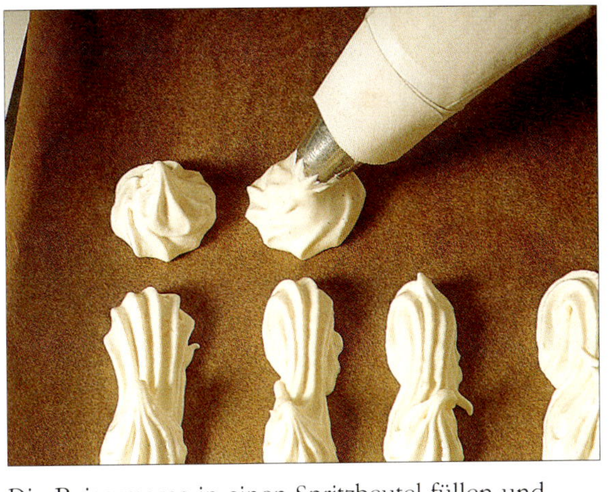

Die Baisermasse in einen Spritzbeutel füllen und beliebige Formen auf ein mit Backpapier ausgelegtes Blech spritzen. Bei 120° C und leicht geöffneter Backofentür in etwa 2–3 Stunden trocknen lassen.

Zimtsterne

Für die Makronenmasse:
500 g geriebene Haselnüsse
125 g Zitronat
125 g Orangeat
1 kg Zucker
3 g gemahlener Zimt
200 g Kuchenbrösel
Eiweiß nach Bedarf
Für die Glasur:
1 Eiweiß (30 g)
150 g Puderzucker
3 Tropfen Zitronensäure
Mark von 1/2 Vanilleschote
Außerdem:
Zucker zum Ausrollen

1. Nüsse rösten und abkühlen lassen. Orangeat und Zitronat sehr fein hacken und mit den sehr fein gemahlenen Kuchenbröseln, Zucker, Zimt und den abgekühlten Nüssen vermischen. So viel Eiweiß dazugeben, bis ein fester, aber formbarer Teig entsteht.
2. Die Masse mit Sichtfolie umhüllen und über Nacht kühl stellen.
3. Am nächsten Tag noch einmal durchkneten und auf einer mit Zucker bestreuten Platte etwa 1 cm dick ausrollen. Ins Gefriergerät stellen und kurz anfrieren lassen. Den Backofen auf 200° C Unterhitze vorheizen.
4. Für die Glasur das Eiweiß leicht schaumig schlagen, dabei den gesiebten Puderzucker dazugeben und zu cremigem Schnee schlagen. Zitronensäure und Vanillemark untermischen und die Glasur dünn auf die ausgerollte Masse streichen. Mit einem in heißes Wasser getauchten Ausstecher Sterne ausstechen und auf ein mit Backpapier ausgelegtes Blech legen. Den Ausstecher immer wieder in Wasser tauchen, damit glatte Kanten entstehen.
5. Im heißen Backofen 10 Minuten bei leicht geöffneter Backofentür backen, bis die Sterne am Boden leicht Farbe angenommen haben.

ECKART WITZIGMANN

Die Zimtsterne müssen an der Oberseite weiß bleiben und von unten her rasch gar werden. Deshalb unbedingt nur mit Unterhitze backen. Wenn in Ihrem Backofen dies nicht möglich ist, schieben Sie zwei Backbleche über die Zimtsterne, das hält die Hitze gut ab.

Kokosbusserl

Für die Baisermasse:
5 Eiweiß (150 g)
250 g Zucker
220 g Kokosraspeln
20 g Mehl
abgeriebene Schale von
1/4 unbehandelten Zitrone
1 TL Zitronensaft
15 g sehr fein gehacktes Orangeat

1. Den Backofen auf 170° C vorheizen. Das Eiweiß mit dem Zucker in eine Schüssel geben und unter Schlagen auf einem leicht siedenden Wasserbad bis 50° C erhitzen. Es darf auf keinen Fall zu heiß werden, da sonst das Eiweiß ausflockt. Kokosraspeln und Mehl vermischen.
2. Die Schüssel herausnehmen und das erhitzte Eiweiß mit dem Handrührgerät so lange schlagen, bis die Masse abgekühlt ist. Dann langsam die Mehl-Kokos-Mischung darüberstreuen und locker und gleichmäßig unterziehen. Zum Schluß das mit Zitronensaft und Zitronenschale vermischte Orangeat unter die Eiweißmasse ziehen.
3. Ein Backblech mit kleinen Oblaten belegen und die Masse in einen Spritzbeutel mit 8er Lochtülle füllen.
4. Die Kokosmasse auf die Oblaten dressieren und auf der mittleren Schiene des heißen Backofens ca. 8–10 Minuten backen. Die letzten 5 Minuten einen Kochlöffel zwischen Backofen und Ofentür klemmen und die Plätzchen bei leicht geöffneter Tür fertig backen.
5. Die Kuvertüre fein hacken, im Wasserbad erwärmen, abkühlen lassen und erneut erwärmen.
6. Die Böden, d. h. die Oblatenseite der ausgekühlten Busserl, in die aufgelöste Kuvertüre tauchen und mit der bestrichenen Seite nach oben trocknen lassen.

Eigelbmakronen

Für die Makronenmasse:
250 g Marzipanrohmasse
30 g Puderzucker
1 Prise Salz
abgeriebene Schale von 1/4 Zitrone
3 Eigelb (60 g)
Außerdem:
1 Rezept Ischler Bäckerei (Seite 44)
20 g Gummiarabikum (Apotheke)
1/8 l Wasser
etwas Zucker
etwas rotes Johannisbeergelee
1–2 EL gehackte Pistazien

1. Den Backofen auf 180° C vorheizen. Das Marzipan zerbröseln, in eine Schüssel geben und unter Rühren Puderzucker, Salz, Zitronenschale und nach und nach das Eigelb hinzufügen. Über einem leicht siedenden Wasserbad auf 70–80° C erwärmen. Herausnehmen und unter Rühren abkühlen lassen.
2. Den Mürbeteig für Ischler Bäckerei zubereiten und Plätzchen mit gezacktem Rand ausstechen. Auf ein mit Backpapier belegtes Blech legen und in ca. 10 Minuten goldgelb backen.
3. Die Makronenmasse in einen Spritzbeutel mit 8er Sterntülle füllen und Kränzchen auf die etwas abgekühlten Plätzchen dressieren. In dem heißen Backofen goldgelb backen.
4. Damit die Makronenmasse einen schönen Glanz bekommt, bestreicht man sie nach dem Backen mit Gummiarabikum. Dazu das Gummiarabikum mit Wasser und Zucker kräftig aufkochen.
5. Die gebackenen Makronenkränzchen damit bestreichen. In die Mitte etwas Johannisbeergelee füllen und mit gehackten Pistazien bestreuen.

Himbeerkugeln

Für die Schaummasse:
2 Eier (100 g)
2 Eigelb (40 g)
200 g Puderzucker
1 Prise Salz
320 g Himbeerkonfitüre
225 g Mehl
35 g Speisestärke (z. B. Mondamin)

ECKART WITZIGMANN

Die Himbeerkugeln und Schokoladenbohnen auf Seite 49 sind Rezeptkreationen von Stephan Franz, ehemals Patissier in der Aubergine, jetzt bei Hans Haas im Tantris. Stephan ist mir immer eine unentbehrliche Hilfe beim Entwickeln und Ausprobieren von Backrezepten.

1. Backblech mit Backpapier auslegen. Eier, Eigelb, Puderzucker und Salz mit einem Handrührgerät dickschaumig aufschlagen.
2. 125 g Himbeerkonfitüre durch ein feines Sieb passieren und unter die Schaummasse rühren. Mehl und Speisestärke darübersieben und locker und gleichmäßig unterheben.
3. Die Masse in einen Dressierbeutel mit 5er Lochtülle füllen und Halbkugeln mit einem Durchmesser von 2 cm auf das Backblech dressieren.
Aus Pergamentpapier eine kleine Spritztüte formen, etwas passierte Himbeerkonfitüre hineingeben und die Hälfte der Plätzchen mit einem kleinen Tupfer versehen.
4. An einem warmen, trockenen Ort (notfalls auch im 50° C warmen Backofen) leicht antrocknen lassen. Den Backofen auf 190° C vorheizen.
5. Die Himbeerbrötchen im heißen Backofen etwa 12 Minuten backen.
6. Die flache Seite der erkalteten Plätzchen mit der restlichen Himbeerkonfitüre bestreichen und jeweils 2 zusammensetzen.

Haselnußmakronen-Törtchen

Für den Mürbeteig:
150 g Mehl
30 g Speisestärke (z. B. Mondamin)
1 Prise Salz
80 g Puderzucker
1 Ei (50 g)
100 g kalte Butter
Außerdem:
Butter und Mehl für die Förmchen
Linsen oder getrocknete Erbsen
zum Blindbacken
Für die Füllung:
200 g Marzipanrohmasse
250 g Zucker
5 Eiweiß (150 g)
1 Prise Salz
1/2 TL gemahlener Zimt
abgeriebene Schale von
1/2 unbehandelten Zitrone
250 g feingemahlene Haselnüsse
Außerdem:
32 halbierte, geschälte Mandeln
2–3 EL Aprikosenkonfitüre
4 kandierte Kirschen

ECKART WITZIGMANN

Das Blindbacken ist nötig, damit der Teig beim Vorbacken nicht vom Rand abrutscht und die gewünschte Form behält. Die Hülsenfrüchte kann man übrigens immer wieder verwenden.

1. Für den Mürbeteig das Mehl mit Speisestärke und Salz versieben und auf eine Arbeitsplatte häufen. In die Mitte eine Mulde drücken und den Zucker sowie das Ei hineingeben. Die Butter in kleine Stücke schneiden und auf den Rand setzen. Erst mit einem großen Messer alles zerhacken, dann mit möglichst kalten Händen rasch zu einem glatten Teig verkneten. Mit Sichtfolie umhüllt mindestens 30 Minuten in den Kühlschrank legen.

2. Briocheförmchen (8 cm Durchmesser) mit Butter ausstreichen und mit Mehl bestäuben. Den Backofen auf 200° C vorheizen. Den Teig dünn ausrollen, Kreise ausstechen und die Förmchen damit füllen. Die Hülsenfrüchte darauf verteilen und die Törtchen im heißen Backofen auf der mittleren Schiene 10 Minuten backen.

3. In der Zwischenzeit für die Makronenmasse das Marzipan mit dem Zucker verbröseln. Eiweiß und Gewürze dazugeben und rühren, bis eine glatte Creme entstanden ist. Ein Drittel der Masse herausnehmen und beiseite stellen. Die Schüssel über einem Wasserbad unter Rühren auf ca. 70°–80° C erhitzen. Herausnehmen und die beiseite gestellte Masse sowie die Nüsse unterrühren und abkühlen lassen.

4. Die Hülsenfrüchte entfernen und die Makronenmasse in die Mürbeteigtörtchen füllen. Jeweils mit 4 halbierten Mandeln belegen. Auf der zweiten Schiene von unten etwa 20–25 Minuten backen.

5. Die Aprikosenkonfitüre durch ein Sieb streichen, erhitzen und die Oberfläche der Törtchen damit bestreichen. Je eine halbierte Kirsche in die Mitte geben.

Mandelhörnchen

Für die Makronenmasse:
500 g Marzipanrohmasse
300 g Zucker
ca. 3 Eiweiß (100 g)
1 Prise Salz
Mark von 1/2 Vanilleschote
abgeriebene Schale von 1/2 Zitrone
Außerdem:
150 g Mandelblättchen zum Wenden
3–4 EL Aprikosenkonfitüre
100 g Zartbitterkuvertüre

1. Die Marzipanrohmasse mit dem Zucker zerbröseln und nach und nach Eiweiß, Salz, Vanillemark und Zitronenschale dazugeben. Zu einer glatten Masse verarbeiten.

2. Den Backofen auf 190° C vorheizen. Die Mandelblättchen auf die Arbeitsplatte streuen. Mit einem Eßlöffel etwas von der Masse abstechen und auf den ausgebreiteten Mandelblättchen zu einer dicken Rolle von 10–12 cm Länge formen. Diese zu Hörnchen formen und auf ein mit Backpapier ausgelegtes Blech legen. Im heißen Backofen in etwa 10 Minuten goldgelb backen, dabei immer im Auge behalten, damit das Gebäck nicht zu stark bräunt.

3. Die Aprikosenkonfitüre durch ein Sieb streichen, erhitzen und die heißen Hörnchen sofort damit bestreichen.

4. Die Kuvertüre auflösen und die Spitzen der erkalteten Hörnchen darin eintauchen.

ECKART WITZIGMANN

Besonders schön glänzt das Gebäck, wenn man es mit Vanille-Fondant glaciert. Fondant bekommt man in guten Fachgeschäften zu kaufen.

Haferbusserl

Für die Baisermasse:
300 g Haferflocken
50 g Honig
150 g Zucker
100 g Butter
2 Eier (100 g)
10 g Vanillezucker
1/2 TL Backpulver
60 g Mehl

1. Die Hälfte der Butter in einer Pfanne erhitzen und die Haferflocken mit dem Honig und 50 g Zucker unter ständigem Rühren bei schwacher Hitze goldgelb rösten.
2. Die gerösteten Haferflocken gut abkühlen lassen. Restliche Butter in einem Topf zerlassen. Den Backofen auf 175° C vorheizen. Ein Backblech mit Butter einfetten und mit Mehl bestäuben.
3. Die Eier mit dem restlichen Zucker und dem Vanillezucker in eine Schüssel geben und mit dem Schneebesen auf einem leicht siedenden Wasserbad weißschaumig aufschlagen. Danach mit einem Handrührgerät so lange schlagen, bis die Masse kalt ist. Das mit dem Backpulver gesiebte Mehl unterheben. Anschließend die flüssige Butter und die gerösteten Haferflocken unterziehen.
4. Mit zwei Kaffeelöffeln kleine Häufchen auf das vorbereitete Blech setzen. Im heißen Backofen auf der mittleren Schiene hellbraun backen. Wer mag, bespritzt die Busserl nach dem Backen fadenartig mit flüssiger Kuvertüre.

Schokobusserl

Für die Baisermasse:
150 g Zartbitterkuvertüre
150 g kalte Butter
200 g Puderzucker
240 g sehr fein gemahlene Haselnüsse
25 g Mehl
Außerdem:
Butter und Mehl für das Blech
125 g Aprikosenkonfitüre
150 g Vollmilchkuvertüre

1. Die Kuvertüre kleinhacken, in eine Schüssel geben und über dem Wasserbad auflösen. Herausnehmen und über einer Schüssel mit eiskaltem Wasser unter Rühren abkühlen lassen.
2. Die kalte, in Stücke geschnittene Butter abwechselnd mit Puderzucker, Haselnüssen und Mehl mit einem Kochlöffel unter die Kuvertüre rühren. In eine flache Form drücken und zugedeckt über Nacht kalt stellen.
3. Am nächsten Tag ein Backblech ganz dünn mit Butter einfetten und mit Mehl bestäuben.
4. Den Teig in drei Portionen teilen und jedes Teil auf einer bemehlten Arbeitsplatte zu Rollen von 1 cm Durchmesser formen. Dann Scheiben von 1 cm Dicke abschneiden. Diese Scheiben zwischen leicht bemehlten Händen zu Kugeln drehen und auf das Backblech setzen. Wichtig ist es, genügend Abstand zu halten, denn die Kugeln laufen beim Backen auseinander.
5. Das belegte Blech nochmals mindestens 30 Minuten kalt stellen. Den Backofen auf 120° C vorheizen.
6. Das Blech in den Backofen schieben und nach Sicht backen. Also immer in der Nähe des Backofens bleiben. Die Schokoladenkugeln dürfen auf keinen Fall zu dunkel werden, da das Gebäck sonst bitter schmeckt.
7. Das Gebäck auskühlen lassen und immer zwei Halbkugeln mit etwas durchpassierter Aprikosenkonfitüre zusammensetzen. In aufgelöste Kuvertüre tauchen und auf geölter Alufolie oder auf einem Kuchengitter abtropfen lassen.

Dattelbusserl

Für die Baisermasse:
2 Eiweiß (60 g)
60 g Zucker
60 g Puderzucker
einige Tropfen Zitronensaft
120 g gemahlene Mandeln
120 g entkernte, getrocknete Datteln
kleine Oblaten

1. Das Eiweiß mit einem Handrührgerät steif schlagen.
2. Nach und nach erst den Zucker, dann den Puderzucker einrieseln lassen und so lange weiterschlagen, bis die Masse schnittfest ist. Den Zitronensaft und die Mandeln unterziehen.
3. Die Datteln in kleine Würfel schneiden und zum Schluß gleichmäßig untermischen. Den Backofen auf 150° C vorheizen.
4. Die Oblaten auf einem Blech verteilen und mit 2 Teelöffeln kleine Häufchen darauf setzen. Im heißen Backofen in etwa 40 Minuten mehr trocknen als backen.

ECKART WITZIGMANN

Anstelle der Datteln kann man auch getrocknete Feigen oder Orangeat unter die Baisermasse mischen. Köstlich schmecken auch grobgeriebene Walnüsse anstatt der Mandeln. Beobachten Sie die Busserl gut während des Backens: Ist die Backzeit nämlich zu lange, werden sie leicht trocken und schmecken langweilig.

Macarons

Für die Makronenmasse:
210 g geschälte, gemahlene Mandeln
210 g Puderzucker
knapp 6 Eiweiß (165 g)
170 g Zucker
Für die Buttercreme:
1/2 Ei (25 g)
1 Eigelb (20 g)
90 g Zucker
10 g Traubenzucker
125 g weiche Butter
Mark von 1 Vanilleschote

1. Die Mandeln mit dem Puderzucker und 3 Eiweiß vermischen.
2. 150 g Zucker und 100 ml kaltes Wasser in einem Topf aufkochen und 5 Minuten sirupartig einkochen lassen.
3. Das restliche Eiweiß mit dem restlichen Zucker leicht aufschlagen. Dann den eingekochten Zuckersirup in einem dünnen Strahl in das Eiweiß einlaufen lassen. So lange weiterschlagen, bis das Eiweiß kalt ist.
4. Den Backofen auf 150° C vorheizen. Das Backblech mit Backpapier auslegen. Vorsichtig ein Drittel der Baisermasse unter die Mandelmasse heben, dann die restliche Baisermasse unterziehen.
5. In einen Spritzbeutel mit 12er Lochtülle füllen und Tupfen mit 3 cm Durchmesser auf das Blech dressieren.
6. Die Macarons bei leicht geöffneter Backofentür 15–20 Minuten backen. Sie dürfen keine Farbe annehmen.
7. Für die Buttercreme Ei und Eigelb schaumig schlagen. Zucker, Traubenzucker und 50 ml Wasser aufkochen, sirupartig einkochen lassen und anschließend unter die aufgeschlagenen Eier mischen. Über Eiswasser kalt schlagen, dann stückchenweise die Butter dazugeben und mit Vanillemark abschmecken. 10 Minuten ruhen lassen, dann noch einmal aufschlagen.
8. Jeweils zwei Macarons mit der Creme zusammensetzen.

Zedernbrote

Für die Makronenmasse:
250 g Marzipanrohmasse
2 TL Zitronensaft
abgeriebene Schale von
1 unbehandelten Zitrone
etwas Eiweiß
65 g Puderzucker
1 Prise Salz
100 g sehr fein gemahlene Mandeln
Für die Eiweißglasur:
1 Eiweiß (30 g)
150 g Puderzucker
5 Tropfen Zitronensaft
Mark von 1/2 Vanilleschote

1. Das Marzipan zuerst mit Zitronensaft und Zitronenschale sowie dem Eiweiß verkneten. Puderzucker und Salz unterrühren und zum Schluß die feingemahlenen Mandeln einarbeiten. Die Masse einige Stunden, am besten über Nacht, kalt stellen.
2. Für die Eiweißglasur den Puderzucker sieben. Eiweiß mit dem Handrührgerät aufschlagen, dabei löffelweise Puderzucker hinzugeben. Die Eiweißglasur sollte cremig und nicht zu kompakt sein. Zum Schluß den Zitronensaft und das Vanillemark hinzufügen. Die Glasur mit einem feuchten Tuch abdecken, da sie schnell abtrocknet.
3. Die Marzipanmasse zu einem 8 mm dicken Quadrat ausrollen. Mit Hilfe einer Palette die Eiweißglasur dünn darauf streichen. Dann mit einem runden Ausstecher Monde ausstechen und auf ein mit Backpapier ausgelegtes Backblech legen. Für ca. 30 Minuten trocknen lassen.
4. Den Backofen auf 170° C vorheizen. Die Zedernbrot-Monde im heißen Backofen etwa 12 Minuten backen.

Anislaiberl

Für die Schaummasse:
300 g Mehl
4 g gemahlener Anis
4 g grober Anis
4 Eier (200 g)
300 g Zucker
1 Prise Salz
abgeriebene Schale von
1/2 unbehandelten Zitrone
6 Tropfen Anisöl
Außerdem:
Butter und Mehl für das Blech

1. Das Mehl sieben und mit feinem und grobem Anis vermischen. Ein Backblech mit Butter einpinseln und mit Mehl bestäuben. Mit einem runden Ausstecher von ca. 2,5 cm Durchmesser kleine Kreise markieren.
2. Eier und Zucker in einer Schüssel über einem Wasserbad warm aufschlagen. Sobald die Mischung eine Temperatur von 45–50° C erreicht hat, aus dem Wasserbad nehmen und mit dem Handrührgerät 5 Minuten bei Stufe 3, danach 15–20 Minuten bei Stufe 2 schlagen. Zum Schluß die Zitronenschale hinzugeben.
3. Mit einem Kochlöffel erst die Anis-Mehl-Mischung, dann das Anisöl vorsichtig unterziehen.
4. Die Masse in einen Dressierbeutel mit 8er Lochtülle füllen und gleichmäßig große Tupfen auf die markierten Kreise dressieren. Die Anislaiberl an einem trockenen und warmen Ort mindestens 3 Stunden trocknen lassen.
5. Im 180° C heißen Backofen backen, dabei dürfen sie keine Farbe annehmen und es muß sich der charakteristische Fuß bilden. Sie sind fertig gebacken, wenn sie sich vom Blech lösen. Nach 10–15 Minuten die Ofentür leicht öffnen und die Backtemperatur reduzieren.
6. Die Anislaiberl an einem feuchten, kühlen Ort aufbewahren, bis sie Feuchtigkeit gezogen haben.

Brandteig

Für den Brandteig:
200 ml Wasser
200 ml Milch
100 g Butter
je 1 Prise Salz und Zucker
frisch geriebene Muskatnuß
200 g Mehl
5–6 Eier (250–300 g)
Außerdem:
Butter und Mehl für die Form
Weiterverarbeitung und Füllung
für die Eclairs siehe Seite 81

1. Wasser, Milch, Butter, Salz, Zucker und Muskat in einen Topf geben und einmal aufkochen lassen. Das gesiebte Mehl auf einmal hineinschütten und mit einem Kochlöffel rasch mit der Flüssigkeit verrühren.

2. So lange weiterrühren, bis ein Kloß entstanden ist. Die Teigkugel „abbrennen“ lassen, bis sich am Topfboden ein weißer Film gebildet hat.

3. Nun die Masse in eine Schüssel umfüllen und ein Ei nach dem anderen dazugeben. Das nächste Ei erst hinzufügen, wenn das vorhergehende gut mit dem Teig vermischt ist. Auf diese Weise 5–6 Eier einarbeiten. Den Backofen auf 220° C vorheizen. Das Backblech mit Butter bepinseln und mit Mehl bestäuben.

4. Den Brandteig in einen Spritzsack füllen und beliebige Formen, z. B. Eclairs oder Windbeutel, auf das Blech dressieren.

5. Im 220° C heißen Backofen, je nach Größe des Gebäcks, 8–10 Minuten backen. Dann die Backofentür leicht öffnen und in weiteren 5 Minuten fertig backen.

Wasser, Milch, Butter, Salz, Zucker und Muskat in einen Topf mit gut leitendem Boden geben und einmal aufkochen lassen.

Dann das gesiebte Mehl auf einmal hineinschütten und mit einem Kochlöffel kräftig umrühren, damit sich die Flüssigkeit mit dem Mehl gut verbindet.

Rühren, bis ein Kloß entstanden ist, und diesen rundherum so lange „abbrennen", bis sich am Topfboden ein weißer Film gebildet hat.

Der Teig muß trocken sein. Wenn man etwas davon zwischen den Fingern reibt, darf er nicht kleben. Nun die Masse in eine Schüssel umfüllen.

Ein Ei nach dem anderen mit den Knethaken eines Handrührgerätes dazugeben. Das nächste Ei erst unterrühren, wenn das vorhergehende gut mit dem Teig vermischt ist.

Der Teig ist richtig, wenn er schwer reißend vom Löffel fällt und einen schönen Glanz hat. In einen Spritzbeutel füllen und beliebige Formen auf ein Backblech spritzen.

Croquembouche

Dieses Meisterwerk der Backkunst wird auch das „Dornröschen der Patisserie" genannt, denn sie haben einiges gemeinsam: Was beim Dornröschen die stacheligen Rosen waren, die den Zugang zu dem schlafenden Königskind verwehrten, ist bei Croquembouche das dichte Gespinst aus feinen Zuckerfäden. Wörtlich übersetzt heißt Croquembouche „Knackt den Mund", und das beschreibt sehr anschaulich, worum es dabei geht.

Für den Brandteig:

200 ml Wasser
200 ml Milch
100 g Butter
je 1 Prise Salz, Zucker und gemahlene Muskatnuß
200 g Mehl
5–6 Eier (250–300 g)

Für die Konditorcreme:

1 l Milch
1 aufgeschlitzte Vanilleschote
200 g Zucker
12 Eigelb (240 g)
40 g Speisestärke (z. B. Mondamin)
40 g Mehl

Für den Karamel:

500 g Zucker
1/4 l Wasser
100 g Glukosesirup

ECKART WITZIGMANN

Wem das Abkühlen der Creme durch Rühren über einer Eiswasserschüssel zu mühsam ist, bedeckt sie mit einer mehrmals eingestochenen Sichtfolie und läßt sie im Kühlschrank kalt werden.

1. Wasser, Milch, Butter, Salz, Zucker und Muskat in einen Topf geben und einmal aufkochen lassen. Das gesiebte Mehl auf einmal hineinschütten und rasch unterrühren. So lange rühren, bis ein Kloß entstanden ist, und diesen rundherum so lange „abbrennen", bis sich am Topfboden ein weißer Film gebildet hat.
2. Nun die Masse in eine Schüssel umfüllen und ein Ei nach dem anderen dazugeben. Das nächste Ei erst hinzufügen, wenn das vorhergehende gut mit dem Teig vermischt ist. Auf diese Weise 5–6 Eier einarbeiten. Ob man die Eier mit Hilfe des Kochlöffels oder mit den Knethaken eines Handrührgerätes einarbeitet, ist jedem selber überlassen. Einfach ausprobieren, wie man besser zurechtkommt. Der Brandteig hat die richtige Konsistenz, wenn er schwer reißend vom Löffel fällt. Außerdem sollte er einen schönen Glanz haben.
3. Den Backofen auf 220° C vorheizen und das Backblech mit Backpapier auskleiden.
4. Den Teig in einen großen Spritzbeutel mit 8er Sterntülle füllen und kleine Rosetten auf das ausgelegte Backblech spritzen. Die Menge ergibt etwa 60–70 Stück. Reichlich Abstand lassen, da die Windbeutel beim Backen aufgehen.
5. Auf die mittlere Schiene des heißen Backofens schieben und eine Tasse Wasser auf den Boden des Backofens gießen. Dadurch bildet sich Dampf und der Brandteig geht besser auf. Nach 15 Minuten die Backofentür leicht öffnen. Einfach einen Kochlöffel dazwischen klemmen und noch weitere 5 Minuten backen.
6. Niemals aber in der ersten Hälfte der Backzeit die Ofentür öffnen, sonst war die Mühe umsonst. Die Teighäufchen fallen in sich zusammen und werden innen glitschig.
7. Für die Konditorcreme Milch, Vanilleschote und 50 g Zucker aufkochen.
8. Eigelb, restlichen Zucker mit Speisestärke und Mehl in einer Rührschüssel mit den Schneebesen eines Handrührgerätes weißschaumig aufschlagen. Die Vanilleschote aus der Milch fischen und die heiße Milch unter ständigem Schlagen mit der Eigelbmasse vermischen. Zurück in den Topf schütten und unter Rühren aufkochen lassen. Die Creme über einer größeren, mit Eiswasser gefüllten Schüssel kalt rühren.
9. Die abgekühlte Creme in einen Spritzbeutel mit kleiner Lochtülle füllen und die gebackenen und abgekühlten Profiteroles damit füllen. Einen Kegel aus Pappe formen und mit Alufolie überziehen.
10. Als Boden kann man entweder eine Krokantplatte nehmen oder eine Kuchenplatte aus Mürbteig. Den überzogenen Kegel auf die Platte stellen. Zucker, Wasser und Glukosesirup in einer Sauteuse bei starker Hitze so lange kochen lassen, bis das Wasser verdampft ist und sich der Karamel langsam goldbraun färbt. Dabei ständig rühren.
11. Den Karamel von der Kochplatte nehmen und direkt neben die Pyramide stellen. Die gefüllten Profiteroles auf eine lange Pralinengabel spießen und ein wenig in den Karamel tauchen. Dann von unten nach oben auf den Kegel kleben. Wenn alle Profiteroles aufgetürmt sind, den Karamel noch einmal kurz erwärmen. Mit einem Löffel Fäden daraus ziehen und die Pyramide damit einspinnen.

Saint-Honoré-Torte

Für den Brandteig:
200 ml Wasser, 200 ml Milch
100 g Butter
je 1 Prise Salz und Zucker
200 g Mehl
5–6 Eier (250–300 g)
3 EL Zucker
Butter und Mehl für das Blech
Für den Boden:
200 g Blätterteig
Für die Füllung:
1/2 l Milch
Mark von 1 Vanilleschote
100 g Zucker
6 Eigelb (120 g), 20 g Mehl
20 g Speisestärke (z. B. Mondamin)
1/2 l Sahne
3 Blatt Gelatine
2 cl Grand Marnier
Für den Karamel:
250 g Zucker
1/8 l Wasser

1. Aus den angegebenen Zutaten einen Brandteig nach dem Grundrezept auf den Seiten 76/77 zubereiten.
2. Den Blätterteig dünn ausrollen. Mit Hilfe eines Tortenrings oder Springformrandes von 24 cm Durchmesser einen Boden ausschneiden und auf ein kalt abgespültes Blech legen. Mit einer Gabel mehrmals einstechen. Den Backofen auf 200° C vorheizen. Mit einem Spritzbeutel mit 8er Lochtülle spiralenförmig von der Mitte nach außen auf den Blätterteigboden spritzen.
Aus dem restlichen Brandteig 14–16 kleine Teighäufchen kugelförmig auf ein gefettetes und bemehltes Blech dressieren. Mit Zucker bestreuen und im heißen Backofen 30–40 Minuten backen. Die Kugeln nach 12–15 Minuten herausnehmen. Auf einem Kuchenrost auskühlen lassen.
3. Für die Füllung die Milch mit der aufgeschlitzten Vanilleschote aufkochen. Die Vanilleschote herausfischen und das Mark herauskratzen und in die Milch geben. Zucker und Eigelb mit einem Schneebesen schaumig aufschlagen. Das Mehl und die Speisestärke unterrühren. Die heiße Milch unter die Eigelbmasse rühren und alles zurück in den Topf schütten. Unter ständigem Rühren erhitzen, bis die Creme dicklich wird. Dann unter weiterem Rühren über Eiswasser abkühlen lassen.
4. Die Sahne sehr steif schlagen. Die Gelatine in kaltem Wasser einweichen und in erhitztem Grand Marnier auflösen. Erst etwas Sahne unter die Gelatine rühren, dann die Mischung gleichmäßig unter die Sahne ziehen.
5. Die Brandteigkugeln an der Unterseite mit der Spritztülle einstechen und mit der Creme füllen.
6. Zucker und Wasser, wie bei dem Rezept auf den Seiten 78/79 beschrieben, zu mittelbraunem Karamel kochen. Die Brandteigkugeln mit einer Gabel aufspießen und hineintauchen, bis sie davon überzogen sind und glänzen, und als Rand auf den gebackenen Boden setzen. Mit Zucker bestreuen.
7. Die restliche Creme in einen Spritzbeutel mit 8er Sterntülle füllen. Erst die Spiralen am Boden der Torte vollfüllen, dann die Oberfläche üppig verzieren.

ECKART WITZIGMANN

Wie alle Brandteiggebäcke sollte man auch diesen Klassiker sofort nach der Zubereitung verzehren. Einmal durchgeweicht, ist der Zauber dieser köstlichen Torte, die dem heiligen Honorius gewidmet wurde, vorbei!

Eclairs

siehe Grundrezept Brandteig Seite 76
Butter und Mehl für das Blech
Für die Füllung:
1/2 l Milch
100 g Zucker
Mark von 1 Vanilleschote
6 Eigelb (120 g)
20 g Mehl
20 g Speisestärke (z. B. Mondamin)
1/4 l Sahne
2 Blatt weiße Gelatine

1. Den Brandteig nach dem Grundrezept zubereiten und in einen Spritzbeutel mit 8er Lochtülle füllen. Den Backofen auf 220° C vorheizen. Das Backblech mit Butter bestreichen und mit Mehl bestäuben. 7 cm lange Teiglinien auf das Blech spritzen und das Blech in den heißen Backofen schieben. Nach 8–10 Minuten die Backofentür leicht öffnen und in weiteren 5 Minuten fertig backen.
2. Für die Creme die Milch mit der aufgeschlitzten Vanilleschote und 25 g Zucker zum Kochen bringen. Eigelb mit restlichem Zucker, Mehl und Speisestärke mit dem Handrührgerät weißschaumig aufschlagen.
3. Die Vanilleschote aus der Milch fischen, das Mark hineinschaben und die heiße Milch unter die Eigelbmasse schlagen. Zurück in den Topf schütten und unter Rühren gut durchkochen lassen. Die Creme über einer Schüssel mit eiskaltem Wasser kalt rühren.
4. Die Sahne sehr steif schlagen. Die Gelatine einweichen und auflösen und langsam mit der Sahne vermischen. Die Sahne langsam unter die gut gekühlte Konditorcreme ziehen und kalt stellen.
5. Die Creme in einen Spritzbeutel füllen und die durchgeschnittenen Eclairs damit füllen. Zusammensetzen und mit Puderzucker bestäuben.
6. Man kann die Creme auch mit starkem Mokka abschmecken und die Eclairs damit überziehen.

Flockentorte

Für den Brandteig:
200 ml Wasser
200 ml Milch
100 g Butter
je 1 Prise Salz, Zucker und gemahlene Muskatnuß
200 g Mehl
5–6 Eier (250–300 g)
Butter und Mehl für das Blech
Für die Füllung:
1 l Sahne
60 g Zucker
Mark von 1 Vanilleschote
4 Blatt weiße Gelatine
1 EL Zwetschgenwasser
250 g Powidl
Puderzucker zum Bestäuben

1. Aus den angegebenen Zutaten einen Brandteig nach dem Grundrezept auf den Seiten 76/77 zubereiten.
2. Den Backofen auf 220° C vorheizen. Auf einem gefetteten und mit Mehl bestäubten Backblech Kreise im Durchmesser von 28 cm markieren und den Brandteig daraufstreichen. Im heißen Backofen 15–20 Minuten backen.
3. Herausnehmen und mit Hilfe eines Springformrandes oder eines Tortenrings von 26 cm den Boden sauber ausschneiden und auf einem Kuchengitter abkühlen lassen. Die Abschnitte grob zerbröseln.
4. Die Sahne steif schlagen und das Vanillemark hinzufügen. Die Gelatine in kaltem Wasser einweichen und gut ausgedrückt in dem erhitzten Zwetschgenwasser auflösen. Ein wenig abkühlen lassen, dann 2–3 Eßlöffel Sahne unterrühren und diese Mischung gleichmäßig mit der Sahne vermischen.
5. Einen Tortenboden mit Powidl bestreichen, darauf ein Drittel der Sahne häufen und mit einer Palette glattstreichen. Mit dem zweiten Tortenboden bedecken und erneut mit Powidl bestreichen. Darüber die Sahne häufen und die Oberfläche wie auch den Rand dick damit bestreichen. Torte mit den Brandteigresten rundherum bestreuen und mit Puderzucker bestäuben.

Biskuit

Für die Löffelbiskuits:
5 Eigelb (100 g)
50 g Puderzucker
1/2 TL Vanillezucker
75 g Mehl
5 Eiweiß (150 g)
70 g Zucker
50 g Speisestärke (z. B. Mondamin)
Außerdem:
Zucker oder Puderzucker
zum Bestreuen

1. Eigelb mit Puder- und Vanillezucker mit einem Handrührgerät weißschaumig schlagen.
2. Das Mehl über die Eigelbmasse sieben.
3. In einer zweiten Schüssel Eiweiß, Zucker und Speisestärke vermischen und ebenfalls mit dem Handrührgerät zu cremigem Schnee schlagen.
4. Ein Drittel des Eischnees auf die Eigelbmasse häufen und unterrühren, den Rest locker und gleichmäßig unterziehen.
5. Ein Backblech mit Backpapier auslegen. Den Backofen auf 180° C vorheizen. In einen Spritzbeutel mit 12er Tülle füllen.
6. 5 cm lange und 1 cm breite Teigstäbchen auf das Backblech spritzen. Mit Zucker bestreuen und auf der mittleren Schiene des heißen Backofens in 10–12 Minuten hellgelb backen. Abkühlen lassen, dann vom Blech nehmen. Die Löffelbiskuits entweder wie hier als Umrandung einer Creme verwenden, oder als kleines Gebäck zu Kaffee oder Tee reichen.

Das Eigelb und Eiweiß trennen und auf zwei Rührschüsseln verteilen. Darauf achten, daß vor allem die Schüssel für das Eiweiß absolut fettfrei und möglichst kühl ist.

Eigelb und Zucker über einem siedenden Wasserbad mit dem Handrührgerät dick und cremig aufschlagen. Herausnehmen und unter Rühren etwas abkühlen lassen.

Das Mehl über die Eigelbmasse sieben, aber nicht unterrühren. Für einen kompakteren Biskuit, z. B. einen Tortenboden, fügt man noch etwas flüssige Butter hinzu.

Eiweiß, Zucker und Speisestärke in einer Schüssel vermischen und mit einem Handrührgerät zu cremigem Schnee aufschlagen.

Ein Drittel des Eischnees auf die Eigelbmasse häufen und gleichmäßig, am besten mit einem Kochlöffel mit dem Mehl unterrühren. Restlichen Schnee locker unterheben.

In einem Spritzbeutel mit 12er Lochtülle füllen und Streifen auf das gefettete Backblech dressieren. Mit Puderzucker bestreuen und bei 180° C 10–12 Minuten backen.

Frohe
Weihnachten

Bûche Noël mit Ingwer-Sahne-Füllung

Für den Schokoladenbiskuit:

5 Eigelb (100 g)
80 g Zucker
5 Eiweiß (150 g)
1 Prise Salz
65 g Mehl
15 g Kakaopulver

Für die Ingwer-Sahne-Füllung:

6 Blatt weiße Gelatine
1/4 l Milch
15 g geschälte Ingwerwurzel
3 Eigelb (60 g)
60 g Zucker
400 ml Sahne

Außerdem:

150 g Zartbitterkuvertüre
150 g dunkle Fettglasur
Trüffel oder Schokoladenornamente zum Verzieren

ECKART WITZIGMANN

Genaugenommen heißt es nicht Biskuitteig, sondern Biskuitmasse. Denn alles, was schaumig gerührt oder geschlagen wird, ist in der Konditorsprache eine Masse. Alles was hingegen geknetet wird, ist ein Teig. Ob Teig oder Masse – es zählt nur eines: Der Kuchen muß schmecken!

1. Den Backofen auf 220° C vorheizen. Ein Backblech von 45 mal 40 cm mit Backpapier auslegen. Das Eigelb mit 20 g Zucker in eine Schüssel geben und mit dem Handrührgerät so lange schlagen, bis die Masse weißschaumig ist.
2. In einer zweiten Schüssel das Eiweiß mit dem restlichen Zucker und dem Salz zu cremigem Schnee schlagen. Mehl sieben und mit Kakaopulver vermischen.
3. Ein Drittel des Eischnees unter die Eigelbmasse rühren, den restlichen Schnee vorsichtig unterheben. Die Mehlmischung locker und gleichmäßig unterheben. Die Biskuitmasse auf das Backblech streichen.
4. Auf der mittleren Schiene des heißen Backofens etwa 8–10 Minuten backen.
5. Die gebackene Platte mit etwas Zucker bestreuen, einen zweiten Bogen Backpapier darauflegen und stürzen. So auskühlen lassen.
6. Für die Füllung die Gelatine in kaltem Wasser einweichen. Die Milch mit der in Scheiben geschnittenen Ingwerwurzel zum Kochen bringen. Abkühlen lassen und zugedeckt über Nacht durchziehen lassen.
7. Am nächsten Tag Eigelb und Zucker in eine Schüssel geben und mit einem Schneebesen schaumig aufschlagen. Die Ingwermilch erneut erhitzen und durch ein Sieb in die Eigelbmasse gießen. Auf dem Wasserbad unter Rühren zur Rose abziehen, das heißt einen Holzlöffel eintauchen und auf die anhaftende Creme pusten. Fließt sie rosenartig auseinander und erstarrt in dieser Form, ist die Beschaffenheit für die Creme ideal. Anschließend über einer Schüssel mit Eiswasser kalt rühren.
8. Die Ingwerscheiben wieder dazugeben und die Mischung im Mixer fein pürieren. Dann die kalt eingeweichte, gut ausgedrückte Gelatine darin auflösen und durch ein Sieb passieren.
9. Die Sahne steif schlagen. Kurz bevor die Masse fest zu werden beginnt, die Sahne vorsichtig unterheben.
10. Die Ingwercreme mit einer Palette auf die Biskuitplatte streichen und von der Längsseite her aufrollen. Mit dem Backpapier so umhüllen, daß die Roulade Spannung bekommt und die Form nicht verliert.
11. Mindestens 3 Stunden, besser über Nacht, in den Kühlschrank stellen.
12. Am nächsten Tag die Kuvertüre und die Fettglasur miteinander auflösen und die Roulade damit überziehen. Mit Schokoladenornamenten und Trüffeln beliebig verzieren.

ECKART WITZIGMANN

Man kann die Bûche Noël auch mit Sahne überziehen und mit Sahnerosetten und kandierten Ingwerstücken verzieren oder mit einer Schokoladencreme so bespritzen, daß die Roulade wie ein Baumstamm aussieht.

Trüffel-Sahne-Torte

Für den Schokoladenbiskuit:
60 g Butter
140 g Mehl
45 g Speisestärke (z. B . Mondamin)
35 g Kakaopulver
7 Eier (350 g)
220 g Zucker, 1 Prise Salz
Zum Tränken:
200 g Wasser
80 g Zucker
4 cl Rum
Für die Trüffel-Sahne:
5 Blatt Gelatine
100 g Zartbitterkuvertüre
80 ml Milch
Mark von 1 Vanilleschote
3 cl Orangenlikör, 3 cl Rum
800 g geschlagene Sahne

Zum Bestreichen:
50 g Zartbitterkuvertüre
500 g geschlagene Sahne
Schokoladenspäne
20 g Puderzucker

1. Den Boden einer Springform mit Backpapier auslegen. Den Backofen auf 180° C vorheizen. Die Butter schmelzen und abkühlen lassen. Mehl, Speisestärke und Kakaopulver zusammen versieben.

2. Eier, Zucker und Salz über dem leicht siedenden Wasserbad dickschaumig aufschlagen. Dann mit dem Handrührgerät auf höchster Stufe 5 Minuten kalt schlagen.

3. Die Masse weiter 10–15 Minuten bei Stufe 2 schaumig schlagen. Dann vorsichtig die Mehlmischung unterheben. 4–5 Eßlöffel von der Masse abnehmen und mit der zerlassenen Butter verrühren. Unter die Biskuitmasse ziehen. In die Springform füllen und 25 Minuten backen, nach 5 Minuten auf 170° C zurückschalten. Abkühlen lassen.

4. Wasser und Zucker aufkochen. Abkühlen lassen und den Rum dazugeben. Den Tortenboden 3 mal durchschneiden. Den unteren Boden wieder in den Springformring legen und leicht tränken. Gelatine einweichen und die Kuvertüre auflösen.

5. Milch mit Vanillemark aufkochen. Ausgedrückte Gelatine darin auflösen und die Milch mit der Kuvertüre verrühren. Den Alkohol dazugeben und abkühlen lassen. Die Kuvertüre erst mit wenig Sahne glattrühren, dann die restliche geschlagene Sahne vorsichtig unterheben.

6. Die Tortenböden tränken, mit zwei Dritteln der Trüffelsahne zusammensetzen. Torte für 5 Stunden kalt stellen.

7. Kuvertüre auflösen und mit der zurückgelassenen Trüffelsahne verrühren. Die geschlagene Sahne unterziehen und die Torte damit bestreichen. Mit Schokoladenspänen üppig garnieren, mit Puderzucker bestäuben.

Adventskuchen

Für den Teig:

200 g Blätterteig

Für die Füllung:

5 Eigelb (100 g)

150 g Zucker

5 Eiweiß (150 g)

1 Prise Salz

20 g Speisestärke (z. B. Mondamin)

250 g Mehl

1 Msp gemahlener Zimt

120 g zerlassene Butter

80 g Rosinen

40 g Orangeat

30 g Zitronat

Außerdem:

Puderzucker zum Bestäuben

1. Den Blätterteig dünn ausrollen und eine halbrunde, 28 cm lange Form damit auslegen. Dabei den Blätterteig etwas überstehen lassen. Die vorbereitete Form mindestens 1 Stunde in den Kühlschrank stellen. Den Backofen auf 200° C vorheizen.
2. Das Eigelb mit 50 g Zucker in einer Schüssel vermischen und über einem leicht siedenden Wasserbad dickschaumig aufschlagen.
3. In einer zweiten Schüssel das Eiweiß mit restlichem Zucker, Salz und Speisestärke zu cremigem Schnee schlagen.
4. Die Eigelbmasse zum Eischnee geben, das Mehl darübersieben, den Zimt dazugeben und alles locker und gleichmäßig unterheben. Zum Schluß die Butter unterziehen und die in kleine Würfel gehackten Früchte unterheben.
5. Die Masse in die vorbereitete Form füllen und in den heißen Backofen auf die mittlere Schiene stellen. Die Hitze auf 175° C reduzieren und die Torte in etwa 50–60 Minuten goldbraun backen.
6. Herausnehmen und in der Form etwa 15 Minuten ruhen lassen. Dann auf ein Kuchengitter stürzen und abkühlen lassen.
7. Den Adventskuchen mit Puderzucker bestäuben und über Nacht durchziehen lassen.

ECKART WITZIGMANN

Dieser etwas ungewöhnliche Kuchen besticht durch die knusprige Hülle und das saftige Innere. Um den vollen Genuß zu haben, muß man aber mindestens einen Tag Geduld aufbringen. Dann erst entfalten sich die feinen Aromen, und der Kuchen ist richtig schnittfest.

Cognac-Kirschen

Dies ist ein Rezept für Pralinenfreaks, denn es macht schon ein wenig Arbeit und erfordert auch Geduld. Wer also noch nie Pralinen selbst gemacht hat, sollte besser nicht mit den Cognac-Kirschen beginnen. Anfängern empfehle ich die Schokoladentrüffel oder ein anderes Trüffelrezept auf der nächsten Seite.

1,8 kg nicht zu reife Weichselkirschen von bester Qualität
300 g Zucker
1/4 l Wasser
25 g Glukosesirup (aus der Apotheke)
Mark von 1 Vanilleschote
750 ml Cognac (50 Vol.%)
750 ml Kirschwasser (50 Vol.%)

Zum Überziehen:

1 kg Fondant
2,5 cl Kirschwasser
2,5 cl Kirsch-Einlegesirup
1 kg beste Zartbitterkuvertüre
einige Tropfen Kirschwasser, Grand Marnier oder Rum
200 g Vollmilchkuvertüre

1. Die Kirschen unter kaltem Wasser abbrausen und gut abtropfen lassen. Dabei prüfen, ob die Stiele fest in der Frucht sitzen (nicht abzupfen!). Die Kirschen mit einer feinen Nadel mehrmals einstechen.
2. Zucker, Wasser und Glukosesirup aufkochen. Das Vanillemark dazugeben und abkühlen lassen.
3. Cognac und Kirschwasser in den lauwarmen Sirup rühren. Die Kirschen in ein großes Einmachglas oder in zwei kleinere Gläser geben. Den noch nicht völlig erkalteten Sirup darübergießen. Das Glas oder die Gläser verschließen. Zwei Wochen nicht zu kalt, doch dunkel aufbewahren. Danach die Kirschen an einem kühlen, dunklen Ort vor dem Verzehr am besten 1 Jahr, aber mindestens 3 Monate durchziehen lassen.
4. Die Kirschen in einem Sieb abtropfen lassen und zusätzlich mit einem Fön rundherum trocknen oder auf ein Tuch setzen und über Nacht trocknen lassen. Den Fondant auf 60–70° C erhitzen und mit Kirschwasser und Einlegesirup leicht verdünnen.
5. Jede Kirsche am Stiel halten und in den Fondant tauchen. Rund um den Stiel muß eine kleine Öffnung bleiben, sonst springt später der Kuvertüre-Überzug auf. Beim Eintauchen in den Fondant darauf achten, daß die Kirsche ihre schöne Form behält. Die Kirschen auf Backpapier absetzen und den Fondant trocknen lassen.
6. Die Kuvertüre über einem Wasserbad auf 45° C erwärmen, 3 EL Kuvertüre abnehmen und etwas Alkohol hinzufügen, damit die Kuvertüre anzieht. Etwas Kuvertüre in eine aus festem Papier selbstgedrehte Tüte mit kleinem Loch geben. Im Abstand von 5 cm Tupfen auf Backpapier setzen, kleiner als die Böden der Fondantkirschen. Kurz vor dem Festwerden die Fondantkirschen auf die Tupfen setzen, dabei nicht zu sehr andrücken, damit die Tropfen nicht in die Breite laufen.
7. Über ein weiteres Stück Backpapier mit dem Gurkenhobel Vollmilchkuvertüre zu Spänen hobeln und auf dem Papier verteilen. Die Kirschen mit ihren Böden so tief in die Kuvertüre tauchen, daß auch die Stiele mindestens 2–3 mm mit überzogen werden. Überschüssige Kuvertüre abtropfen lassen und auf den Schokospänen absetzen, bis die Kuvertüre fest geworden ist.
8. Auf eine Platte setzen und mit einem dünnen Tuch bedeckt vier Tage an einem kühlen Platz aufbewahren. In dieser Zeit löst sich durch den Alkohol in den Kirschen die Fondantschicht und die Kirschen werden besonders saftig.

Schokoladentrüffel

Für die Pralinenmasse:

800 g Vollmilchkuvertüre
200 g Zartbitterkuvertüre
1/2 l Sahne
80 g Butter
8 cl Grand Marnier
150 g Mandelkrokant

Außerdem:

300 g Zartbitter- oder Vollmilchkuvertüre

1. Die Kuvertüre mit einem großen Messer fein hacken.
2. Sahne und die in Stücke geschnittene Butter in einem Topf aufkochen lassen. Die Kuvertüren hinzufügen und unter Rühren bei mittlerer Temperatur schmelzen lassen. Die Masse glattrühren, dann den Grand Marnier und zum Schluß den Mandelkrokant unterrühren und die Masse auf ein mit Sichtfolie ausgelegtes Backblech verteilen. Über Nacht kalt stellen, jedoch nicht in den Kühlschrank.
3. Am nächsten Tag etwa 100 g Kuvertüre im Wasserbad auflösen. Mit dem Löffel ein wenig von der Kuvertüre in die Handinnenfläche streichen. Mit einem kleinen Löffel etwas von der erkalteten Pralinenmasse abstechen, in die bestrichene Hand geben und zu Kugeln abdrehen. Dadurch bekommen die Pralinen mehr Kontur, sie werden stabiler für das anschließende Bad in der Kuvertüre.
4. Auf das Backblech legen und noch einmal kühl, aber keinesfalls zu kalt stellen. Die restliche Kuvertüre im Wasserbad zerlassen und temperieren.
5. Jede Kugel auf eine Pralinengabel spießen oder auf ein Pralinenbesteck legen und in die flüssige Kuvertüre tauchen. Auf geölter Alufolie oder auf einem speziellen Abtropfgitter abtropfen lassen. Nach dem Erstarren kühl, aber nicht zu kalt aufbewahren.

Pistazientrüffel

Für die Trüffelmasse:
300 g Marzipanrohmasse
75 g feingemahlene Pistazien
6 cl Williams-Christ-Birnengeist
Außerdem:
500 g Zartbitterkuvertüre
50 g Vollmilchkuvertüre
ca. 20 schöne Pistazienkerne

1. Das Marzipan zerbröseln und mit den Pistazien zu einer glatten Masse verkneten. Dabei den Alkohol tröpfchenweise dazugeben und gut durchrühren, bis die Masse cremig und dressierfähig wird.
2. In einen Spritzbeutel mit Sterntülle füllen und auf ein mit Backpapier belegtes Blech spritzen.
3. Einen Tag bei Zimmertemperatur trocknen lassen.
4. Am nächsten Tag die Häufchen in temperierte Zartbitterkuvertüre tauchen, gut abtropfen und auf Backpapier erstarren lassen. Mit hauchdünnen Streifen von Vollmilchkuvertüre und je einer Pistazie verzieren.

Mokkatrüffel

Für die Trüffelmasse:
300 g Zartbitterkuvertüre
150 ml Sahne
5 g löslicher Kaffee
5 cl Mokkalikör
Außerdem:
Stanniolkapseln
ca. 600 g Vollmilchkuvertüre

1. Die Kuvertüre kleinhacken. Die Sahne mit dem löslichen Kaffee aufkochen und die Kuvertüre unter Rühren darin auflösen. Mit Mokkalikör verfeinern und kühl stellen, bis die Masse dressierfähig ist. Mit einem Handrührgerät locker und cremig aufschlagen.
2. Die Stanniolkapseln dicht nebeneinanderstellen. Mit temperierter Vollmilchkuvertüre füllen, wieder ausleeren und dabei kopfüber auf einem Gitter über der Kuvertüreschüssel abtropfen lassen.
3. Die Trüffelmasse in einen Spritzbeutel mit Sterntülle füllen und in die Kapseln spritzen. Über Nacht kalt stellen.
4. Mit der Oberseite in temperierte Vollmilchkuvertüre tauchen und erstarren lassen.

Kirschtrüffel

Für die Trüffelmasse:
200 g Vollmilchkuvertüre
200 g Zartbitterkuvertüre
150 g weiche Butter
150 g lauwarmer Fondant
75 ml Kirschwasser
Außerdem:
Stanniolkapseln
ca. 600 g Zartbitterkuvertüre

1. Die Kuvertüren auflösen und wieder abkühlen lassen. Butter verrühren, Fondant dazugeben und zu einer glatten Masse verrühren. Die gut abgekühlten Kuvertüren unterrühren und zum Schluß mit Alkohol verfeinern.
2. Die Stanniolkapseln dicht nebeneinanderstellen. Mit temperierter Zartbitterkuvertüre füllen, wieder ausleeren und dabei kopfüber auf einem Gitter über der Kuvertüreschüssel abtropfen lassen.
3. Trüffelmasse in einen Spritzbeutel mit Lochtülle füllen und in die Kapseln spritzen. Einige Stunden kühl stellen. Die Oberfläche in Zartbitterkuvertüre tauchen und mit hauchdünnen Streifen von Vollmilchkuvertüre verzieren.

Buttertrüffel

Buttertrüffel werden genauso wie Kirschtrüffel zubereitet, allerdings ohne Alkohol. Die Trüffelmasse wird in einen Spritzbeutel mit Lochtülle gefüllt. Dann Kugeln auf ein mit Backpapier ausgelegtes Blech spritzen. Über Nacht kühl stellen und am nächsten Tag in temperierte Vollmilchkuvertüre tauchen. Mit Zucker bestreuen und erstarren lassen.

Auf dem Foto (von oben nach unten): Mokkatrüffel, Pistazientrüffel, Buttertrüffel und Kirschtrüffel.

Weiße Trüffel

Für die Trüffelmasse:

400 ml Sahne
1 kg weiße Kuvertüre (beste Qualität)
100 ml Cointreau
80 g Butter
1 Prise Salz

Außerdem:

ca. 100 g weiße Kuvertüre
Zucker zum Rollen

1. Die Sahne zum Kochen bringen. Die Kuvertüre kleinhacken und unter Rühren in der Sahne auflösen.
2. Diese Masse auf Zimmertemperatur abkühlen lassen. Dann mit einem Schneebesen kurz durchrühren.
3. Die restliche Kuvertüre im Wasserbad auflösen. Mit einem Löffel ein wenig von der Kuvertüre in die Handinnenfläche streichen. Mit einem kleinen Löffel etwas von der erkalteten Trüffelmasse abstechen, in die bestrichene Hand geben und zu Kugeln abdrehen. Dadurch bekommen die Pralinen mehr Kontur.
4. Anschließend in Zucker wälzen, nebeneinander auf Backpapier legen und kühl stellen.

ECKART WITZIGMANN

Trüffelpralinen sind äußerst empfindliche Pralinen, weil sie mit Butter oder Sahne gemacht werden. Frisch zubereitet schmecken sie traumhaft. Bereiten Sie daher nur kleine Mengen zu, denn ihre Haltbarkeit ist begrenzt.

Normannische Trüffel

Für die Trüffelmasse:

160 g Vollmilchkuvertüre
160 g Zartbitterkuvertüre
2 Eigelb (40 g)
80 g Zucker
160 ml Sahne
Mark von 1 Vanilleschote
50 g Butter

Zum Rollen:

100 g Zartbitterkuvertüre
bestes Kakaopulver oder
dunkle Schokoladenstreusel

1. Die Kuvertüren mit einem großen Messer fein hacken.
2. Das Eigelb mit der Hälfte des Zuckers schaumig aufschlagen.
3. Die Sahne mit dem restlichen Zukker und der aufgeschlitzten Vanilleschote aufkochen. Das Vanillemark in die Sahne kratzen und die Schote entfernen.
4. Die Vanillesahne unter die Eigelbmasse rühren und zurück in den Topf gießen. Ca. 5 Sekunden unter ständigem Rühren erhitzen. Wieder zurück in die Schüssel geben und die Kuvertüre hinzufügen. So lange rühren, bis sich die Kuvertüre vollständig aufgelöst hat.
5. Die weiche Butter in der Masse auflösen. Die Trüffelmasse zugedeckt so lange kühl stellen, bis sich die Masse formen läßt. Am schnellsten geht es, wenn man die Trüffelmasse in den Kühlschrank stellt.
6. Die dunkle Kuvertüre temperieren. Aus der Trüffelmasse kleine Kugeln drehen und auf ein mit Backpapier ausgelegtes Blech setzen und kurz kalt stellen.
7. Etwas temperierte Kuvertüre auf den Händen verteilen und die Trüffelkugeln nachformen. Anschließend sofort in Kakao oder in Schokoladenstreuseln vorsichtig wälzen. Nebeneinander auf Backpapier legen und kühl stellen.

ECKART WITZIGMANN

Wie gut die Pralinen schließlich schmecken, hängt in erster Linie von der Qualität der Zutaten ab. Deshalb rate ich Ihnen: Wenn Sie sich schon die Mühe machen, Pralinen selbst herzustellen, dann verwenden sie nur hochwertige Kuvertüren dafür.

Aachener Printen 66
Adventskuchen 87
Anislaiberl 75
Anisscharten 51

Baisermasse 68
Baumkuchen 13
Basler Leckerli 62
Biberle, St. Gallener 66
Biskuit 82
Böhmische Dalken mit Powidl . . 36
Brandteig. 76
Brioche à tête 39
Bûche Noël mit
Ingwer-Sahne-Füllung 85
Buchteln. 37
Buttergebäck, Hasis 49
Butterplätzchen 40
Butterstangerl 53
Buttertrüffel 90

Christstollen 29
Cognac-Kirschen 89
Cookies 52
Croquembouche 79

Dalken, böhmische, mit Powidl . 36
Dattelbusserl 74
Dotterlaiberl 55

Eclairs 81
Eigelbmakronen 71
Elisenlebkuchen 67
Englischer Teekuchen 21

Flockentorte 81
Florentiner Plätzchen 48
Früchtebrot 32

Gewürzkrapferl 51
Gewürzkuchen 18
Gewürzspekulatius 50
Glühwein-Savarin 39
Guglhupf 35

Haferbusserl 74
Haselnußkipferl 44
Haselnußmakronen-Törtchen . . 73
Hasis Buttergebäck 49
Hefeteig 26
Hefeteigherz 31
Hefezopf 26
Heidesand-Taler 44
Hexenhaus 61
Himbeerkugeln 71
Husarenkrapferl 53

Ischler Bäckerei 44

Katzenzungen 56
Kirschtrüffel 90
Kletzenbrot 33
Kokosbusserl 70
Kokoshippen 57
Kokosstangerl 45

Lebkuchenteig 58
Liegnitzer Bomben 65
Linzerplätzchen 43
Linzertorte 19

Macarons 75
Madeleines 52
Makronen- und Baisermasse . . . 68
Mandelhörnchen 73
Marzipanhippen 57
Marzipan- und Mohnstollen . . . 31
Mohnkuchen 15
Mohnsoufflé 23
Mohnstollen 31
Mohr im Hemd 22
Mokkatrüffel 90
Mozartkrapfen 53
Mürbeteig 40

Normannische Trüffel 91
Nußlebkuchen 63
Nußwaffeln 25
Nußzungen 56

Orangenhippen 56
Orangen- und Rosinenplätzchen . 54

Panettone 35
Pistazientrüffel 90
Plätzchen, Florentiner 48
Powidl 37
Printen, Aachener 66

Quarkstollen 30

Rehrücken 14
Rosinenplätzchen 54
Rührteig 10

Sachertorte 17
Sahnehörnchen 52
Sahnewaffeln 24
Saint-Honoré-Torte 80
Schokobusserl 74
Schokogebäck 47
Schokoladenbohnen 49
Schokoladenbrezeln 48
Schokoladenkuchen 17
Schokoladenlebkuchen 65
Schokoladentrüffel 89
Schwarz-Weiß-Gebäck 55
Spitzbuben, Wiener 45
Spitzkuchen 67
Spritzgebäck 47
St. Gallener Biberle 66

Teeblätter 57
Teekuchen, englischer 21
Trüffel
– normannische 91
– weiße 91
Trüffel-Sahne-Torte 86

Vanillekipferl 42

Weihnachtskuchen 21
Weiße Trüffel 91
Wiener Spitzbuben 45

Zedernbrote 75
Zimtkränzchen 45
Zimtsterne 70
Zimtwaffeln 25

Bildnachweis

Jo van den Berg (S. 69)

Susi Eising (S. 14, 19, 22, 23, 24, 34, 36, 37, 42, 43, 54, 76, 82)

Dorothee Gödert/Odette Teubner (S. 38, 69, 72)

Karl Newedel (S. 12, 15, 25, 30, 32, 33, 48, 49, 59, 62, 63, 64, 68, 71, 84, 89, 93)

Stockfood Eising (S. 28, 70)

Arnold Zabert/Walter Cimbal (S. 8, 9, 10, 11, 16, 18, 20, 26, 27, 31, 40, 41, 46, 50, 51, 55, 58, 60, 77, 78, 81, 83, 86, 88, 90, 91)

Backen macht Spaß...

... ganz besonders zur Weihnachtszeit. Damit Kuchen und Plätzchen aber auch wirklich gut schmecken, muß man die besten Zutaten verwenden. Neben frischen Eiern, guter Butter, hochwertigem Mehl und aromatischen Gewürzen trägt vor allem MONDAMIN Feine Speisestärke sehr zum Gelingen der köstlichen Weihnachtsbäckerei bei.

Bei fast jeder Teigart ist MONDAMIN Feine Speisestärke unentbehrlich: Je höher der Anteil an MONDAMIN Feine Speisestärke im Rührteig ist, desto feinporiger, zarter und sandiger wird der Kuchen oder das Gebäck. Beim Biskuit verleiht MONDAMIN Feine Speisestärke dem Eischnee die nötige Stabilität, die dann wiederum für die gewünschte Lockerheit sorgt. Ganz besonders cremig und kompakt wird der Eischnee, wenn man das Eiweiß zusammen mit Zucker und MONDAMIN Feine Speisestärke aufschlägt. Wer knusprig-sandiges Spritzgebäck liebt, ersetzt beim Mürbeteig einen Teil des Mehls durch MONDAMIN Feine Speisestärke.